我善如法说五十年

了解一下文明人——速度慢的鲜花式

文物没有呼吸

却有不朽的灵魂如生命

考验士兵与我们的想象

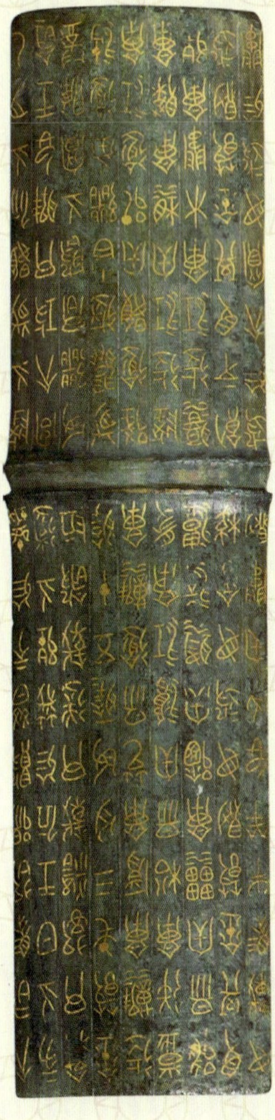

一本博物馆
全国博物馆通识系列

安徽博物院

安徽博物院　编著

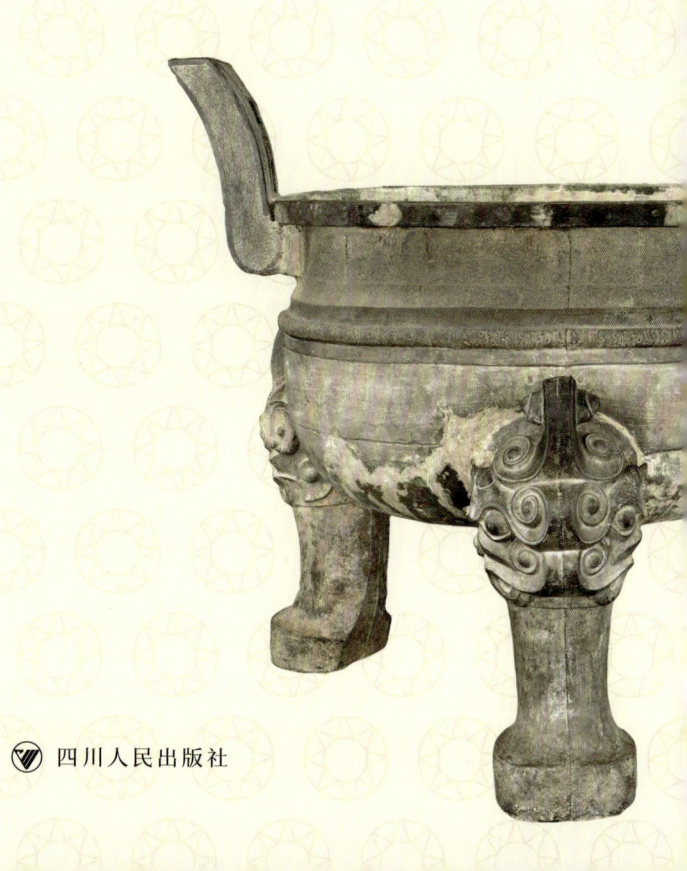

四川人民出版社

图书在版编目（CIP）数据

安徽博物院 / 安徽博物院编著 . -- 成都：四川人民出版社，2025.1
（全国博物馆通识系列 . 一本博物馆）
ISBN 978-7-220-13641-2

Ⅰ. ①安… Ⅱ. ①安… Ⅲ. ①博物馆—概况—合肥
Ⅳ. ① G269.275.41

中国国家版本馆 CIP 数据核字（2024）第 070733 号

ANHUI BOWUYUAN
安徽博物院
安徽博物院 编著

出 版 人	黄立新
选题策划	北京增艳锦添
统筹编辑	蒋科兰　李天果
责任编辑	李昊原
特约编辑	李天果　温　浩
特约校对	陈　静
责任印制	周　奇
装帧设计	北京增艳锦添　刘俣然
出版发行	四川人民出版社（成都市锦江区三色路 238 号）
网　　址	http://www.scpph.com
E-mail	scrmcbs@sina.com
新浪微博	@四川人民出版社
微信公众号	四川人民出版社
发行部业务电话	（028）86361653　86361656
防盗版举报电话	（028）86361661
照　　排	北京增艳锦添企业形象策划有限公司
印　　刷	成都市东辰印艺科技有限公司
成品尺寸	155mm×220mm
印　　张	19.5
字　　数	220 千
版　　次	2025 年 1 月第 1 版
印　　次	2025 年 1 月第 1 次印刷
书　　号	ISBN 978-7-220-13641-2
定　　价	99.00 元

■版权所有·侵权必究
本书若出现印装质量问题，请与我社发行部联系调换
电话：（028）86361653

《一本博物馆 安徽博物院》编写委员会

主　　编	雷修佛　曹增艳
副 主 编	徐大珍　卞　坚　温　浩
编委成员	管丹平　王　健　李　湘　朱亚婷　谢晓雪
	张文蕊
	刘俟然　李天果　殷莲莲　席翠翠　岳娜娜
	崔　斌　魏　辉　牛鹏志　乔凤青　于恩胜
	王春玲　杨远文　杨传良　张国柱
插画设计	闵宇璠　赵　静　罗　玉
平面设计	翁玲玲　孙　博　赵海燕
设计指导	刘晓霓
诗文撰稿	曹增艳　张富遐
统　　稿	徐大珍　曹增艳
书　　法	张其亮
选题策划	北京增艳锦添企业形象策划有限公司
	潍坊增艳企划发展有限公司
资料提供	安徽博物院（安徽省文物鉴定站）

前言

为什么出版"一本博物馆"系列图书？我们曾经反复追问自己，试图把这个问题表述清楚。

你是否有过这样的经历？每到一个地方，因为慕名而来，也因为带着一份好奇和对文化的膜拜，一定要参观一次当地的博物馆。于是，花费一两个小时，走马观花，耳目中塞满了没有任何基础铺垫的知识，看过博物馆只能说出其中几件知名度极高的藏品。绝大多数的观众穿越千山万水，可能一生中仅有一次机会与这些承载几千年历史的古物相见，而这一次起到的作用仅仅是"有助谈资"，对博物馆里真正的宝藏，仅算瞥了一眼。

大家需要"一本博物馆"

博物馆不是普通旅游景点，其中陈列着数以万计的文物，背后藏着丰富的文化内容。如果参观博物馆前不认真准备一番，只是匆匆走过，难免像看了一堆陈旧物品的"文化邮差"。参观博物馆前预习，参观时看到文物才会与它似曾相识；参观博物馆后温习，回味给自己留下深刻印象的内容和文化脉络，如此，才算基本了解一座博物馆。

博物馆里有一锅"文化粥"

如果说，考古是人类文明的"第一现场"，那么，博物馆则是"第二现场"，从发掘转向了收藏和展示。在博物馆中，人类文明被高度浓缩，大众得以与历史直面。

美国盲人作家海伦·凯勒曾在《假如给我三天光明》一书中写道，如果拥有三天光明，她会选择一天去博物馆："这一天，我将向过去和现在的世界匆忙瞥一眼。我想看看人类进步的奇观，那变化无穷的万古千年，这么多的年代，怎么能被压缩成一天呢？当然是通过博物馆。"

博物馆有多种类型：综合的、历史的、自然的、艺术的、科技的、特殊类型的，等等。博物馆里有百科，是一锅熬了千百年、包罗万象并经过系统整理、直观呈现人类文明的"文化粥"。

文物是眼见为实的历史

文物是眼见为实的历史，即使是学者们对此解读有争议，起码也是在实证的基础上进行的。如此，我们便更能了解历史的原貌，这是对历史的尊重。

文物是形象化的记忆

事物容易被记住往往首先是因为它有趣的形式。千言万语不及一张图。有学者推算，我们一般人"记忆中的语言信息量和形象信息量的比率为1∶1000"。文物正是因其有趣的形式、直观的形象，比文字记录更让人印象深刻。

文化是民族的血脉和灵魂

文化是民族的血脉和灵魂。一个国家、一个民族、一个家族、一个人的自信不仅缘于有多少财富、多大权力，还缘于其深厚的文化底蕴。好比我们以自己的家世为荣，有一天，拿着母亲的照片对别人说："这是我母亲年轻的时候，她也曾经风华绝代呢。"

如上缘起，博物馆专家团队与北京增艳锦添，联合出版"一本博物馆"系列丛书，根据每个博物馆展览陈列的线索，尽可能多地选取每个展厅中的文物，将翔实的内容、严谨的知识用通俗的语言表达出来，以有趣的形式呈现。我们的目的只有一个：大家拿着"一本博物馆"，走进一座博物馆，爱上连绵不断的中华文明。

序

安徽博物院在中国博物馆发展史上具有特殊地位，是毛泽东主席唯一公开视察过的省级博物馆。1958年9月，毛泽东主席视察安徽省博物馆（安徽博物院前身）并发表了重要讲话："一个省的主要城市，都应该有这样的博物馆，人民认识自己的历史和创造的力量是一件很要紧的事。"这一讲话为新中国博物馆事业指明了发展方向，安徽博物院老馆也成为第七批全国重点文物保护单位。

近年来，安徽博物院坚持高质量发展理念，在展览、社教、文创以及智慧化运行方面积极探索，勇于创新，取得了让人瞩目的成绩，先后被评为全国文物系统先进集体、全国最具创新力博物馆。

依托安徽厚重的地域文化和类别丰富的馆藏文物，安徽博物院推出"安徽文明史陈列""徽州古建筑""安徽文房四宝""新安画派""江淮撷（xié）珍""潘玉良艺术作品展""烽火江淮——安徽革命史陈列"等十个基本陈列。举办系列临时展览，其中"明德至善 家国天下——徽州优秀传统文化展""向往——'我'与改革开放四十年""山河安澜——渒（pì）史杭灌区主题展"获国家文物局等主办的"弘扬中华优秀传统文化、培育社会主义核心价值观"主题展览重点推介项目，并荣获全国博物馆十大精品展览推介项目，"吾心安处——古琴文化空间"获评中华文物交流协会等主办的"扬帆出海：中华文明国际展示推介活动"重点推介项目。

新时代新征程，博物馆热成为一种文化现象，越来越多的年轻观众乐于走进博物馆，安徽博物院积极主动"出击"，打破固守思维，提供多元化高品质服务产品。打造"大唐风华秀""春秋风云""春江花月夜""文创旗袍秀"等系列沉浸式活动；开发"安博四小龙——掐丝体验盲盒""云纹五柱器冰箱贴""徽徽狮的杂技人生""一肚子墨水——可以喝的'墨水'"等系列文创迅速出圈，广受公众欢迎；通过创意策划＋专业运营；接连推出爆款短视频；跨界合作打开办展新思路，引进"安博印社""徽徽狮系列文创主题展示空间""刻划符号——博物馆里的文创食品商店"等沉浸式打卡体验空间，多个展览走进热门商圈，合作打造"安徽文房四宝主题餐厅"，让中国传统文化走进"洋快餐"，让文化润物无声，走进人们的生活空间。策划实施"安博智时空——安小博游历记"数字展；将三官庙夏代房址整体搬迁，在文博园区建设集展览、互动、休闲娱乐于一体的考古互动体验区……安徽博物院不断尝试用观众更易接受、理解的方式讲述安徽故事，与观众朋友共享优质文化。

《一本博物馆 安徽博物院》是一本通识读本，图文并茂讲述安徽博物院院藏精品文物背后的故事，是我们创新服务公众又一方式，也是我们"走出去"战略的重要载体。我们希望借助书中精美的图片，有趣的故事，清新的文字，为每一位读者提供一份独特的安徽博物院打卡攻略和参观指南。我们也热忱期望广大读者走进安徽博物院，领略徽风皖韵，品读江淮文明。

安徽博物院党委书记、院长
2024年12月01日

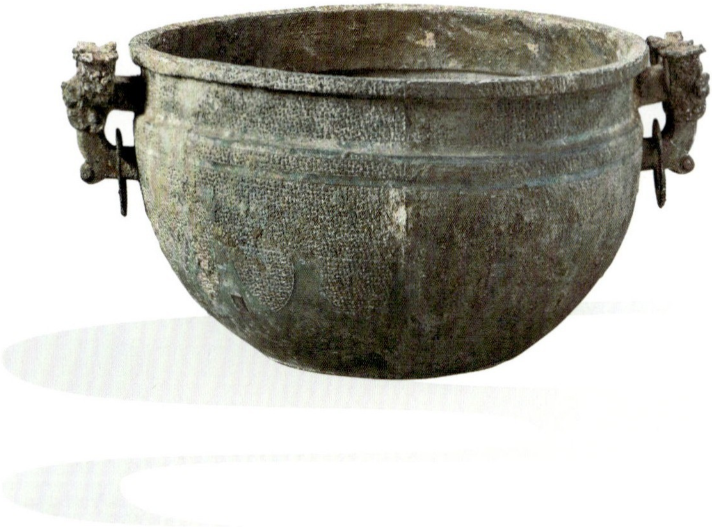

目录

了解安徽博物院
安徽博物院导视图 /002
安徽博物院简介 /004

安徽古生物陈列
龟山巢湖鱼龙 /010
淮河古菱齿象 /011

安徽文明史陈列

第一部分　人类遗存　涂山会盟
——史前时期的安徽

人类踪迹
骨铲 / 石器 /015
石核 / 石球 / 砍砸器 / 刮削器 / 尖状器 /016
和县人头盖骨（模型）/017
银山智人枕骨（模型）/018

原始文化
刻划符号 /020
纹面泥塑人头像 /021
鹿角钩形器 /022
玉鹰 /023
凌家滩玉人（坐姿 / 立姿）/024
玉龙 /025

玉豕 /026
玉龙凤璜 /026
玉猪 /027
石钻 /028
彩绘石钺 /029
玉琮 /030
多孔石刀 /031
刻纹大口尊 /032
鸟形神器 /033
七足镂孔器 /033

第二部分　青铜礼乐　夷楚华章
——夏商周时期的安徽

寻踪夏迹
单扉铜铃 /035

煌煌商域
兽面纹鬲 /036
兽面纹尊 /037
兽面纹铜斝 /038
兽面纹瓿 /038
兽面纹大铙 /039

夷立淮土
龙纹鼎 /040
冰铜锭 /041
平衡石 /041
铜斧 /041

方国林立
乔君钲 /042
蟠虺纹盨 /043
兽首鼎 /044
龙柄盉 /045
甬钟 /046
钟离君柏簠 /047
镂空龙耳罍 /048

编磬／蟠螭纹钮钟 /049
龙虎四环铜鼓座 /050
蔡侯升鼎 /051
蔡侯簠 /052
蔡侯方壶 /053
蔡侯方尊缶／蔡侯方鉴 /054
蔡侯盥缶 /055
蔡侯钮钟 /056
吴王光鉴 /057
蔡侯产剑 /058
蟠虺纹殳 /059
吴王光剑 /060
公卣 /061
凤纹方鼎 /062
镂空龙纹盘 /063
编织纹簋 /063
鸟钮盖盉 /064
云纹五柱器 /064

楚辉照耀

郢爯 /065
鄂君启金节 /066
玉龙凤纹佩 /067
楚王匜鼎 /068
铸客大鼎 /069
铸客炭箕／环梁方炉 /070
展翅攫蛇鹰 /071

第三部分　王侯风流　曹操雄略
——汉魏晋时期的安徽

汉晋风情

石羊 /074
彩绘云鹤纹漆耳杯 /075
彩绘龙纹漆奁 /076
仙人骑兽灯 /077
人形柱博山铜炉 /078
多乳铭文镜 /079
绿釉陶狗 /080
青釉蛙形盉 /081
青釉贴塑佛像网格纹盘口壶 /082

六安王国

玉璜 /083
错银铜壶 /084

曹操家族

玉猪 /086
银缕玉衣 /087
文字砖 /088

汉画像石

东王父西王母汉画像石 /090
车马出行图汉画像石 /091

第四部分　河运通达　清名流芳
——隋唐宋元时期的安徽

运河繁盛

黑釉象座枕 /094
越窑青釉碗 /095

陶瓷菁华

寿州窑黄釉印花枕 /096
寿州窑黄釉执壶 /097
三彩双系凤柄壶 /098
邢窑白釉仰荷注子 /099
繁昌窑青白釉镂孔炉 /100
青白釉蝴蝶结饰双系执壶 /101
定窑白釉刻云龙纹长颈瓶 /102
景德镇窑青白釉注子注碗 /103
吉州窑绿釉狻猊香熏 /104
吉州窑黑地白花梅瓶 /105
三彩卧女抱鹅枕 /106
萧窑白地褐彩四系瓶 /107
青花灵芝纹环耳匜 /108

名臣包拯

景德镇窑青白釉镂空香熏 /110
黑釉兔毫盏 /110

金银璀璨

连七式花头金钗 /111

螭虎纹金发钗 /111
鎏金铜佛塔 /112
释宗景施建银牌／章华施建宝塔金牌 /113
御仙花金带饰 /114
缠枝花卉纹金发冠 /115
"章仲英造"银玉壶春瓶 /116
"章仲英造"金把杯 /117

第五部分　中都基业　天下徽商
—— 明清时期的安徽

洪武皇帝
"龙凤六年"元帅之印 /119
大明宝钞 /120
鱼鳞图册 /121
凤鸟纹玉簪首 /122
金簪／金耳坠 /123
玉灵牌 /124

中都皇城
中都城文字砖 /125
龙纹脊兽 /126
中都宫殿雕龙石栏板 /127

桐城文派
方以智草书诗卷 /129
方望溪先生手稿 /130
刘大櫆《海峰文集》/131
姚鼐草书 /132
吴汝纶行书 /133
《姚莹谈艺图》/134

天下徽商
《程朱阙里志》/137
《休宁县志》"学宫图" /138
屯溪镇胡开文老店木刻店章 /139
都转盐运使司石旗杆座 /140
王茂荫职官漆木封牌匾 /141
郑之珍《新编目连救母劝善戏文》/142
何震寿山石《云深不知处》印 /143

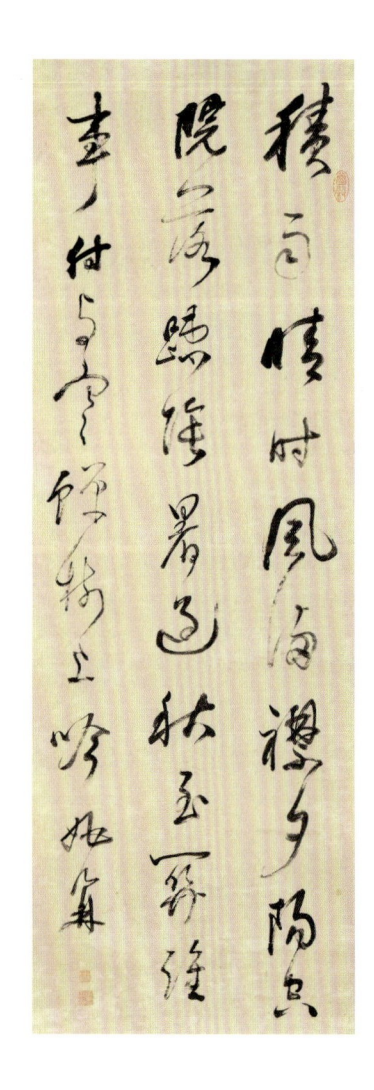

目录　005

徽州古建筑

第一部分　民居

民居布局

民居营造

马头墙
鹊尾式马头墙 /151
印斗式马头墙 /151
坐吻式马头墙 /151

入户大门
游春图人物门罩砖雕 /153

美人靠
木雕美人靠 /155

门窗隔扇
木雕兽纹窗栏板 /156
戏曲人物宝相花窗扇 /157

冯仁镜宅
"花厅"的由来 /158
冯仁镜宅的建筑特点 /159
冯仁镜宅的木雕艺术特色 /160

第二部分　祠堂

徽州宗族制度
章仔钧夫妇子孙容像 /164
乾隆祠堂收租牌 /165
"荥阳堂"牌位座屏 /166

祠堂建筑艺术
石狮 /168
"经筵讲官"匾／"太子少保"匾 /169
木雕鸟兽花卉小月梁 /170
木雕三国人物梁柁 /170
木雕刘海戏金蟾撑拱 /171

徽州祠堂典范

第三部分　牌坊

认识牌坊
许国石坊（模型）/176

牌坊构造
石雕倒挂狮子夹柱石 /178
绶带狮纹石坊 /179
石雕恩荣龙凤榜 /179

第四部分 "三雕"

文化寓意

儒家伦理
百忍堂图砖雕 /182
百里负米图砖雕 /183
木雕鸟纹雀替 /184

福瑞祥和
鹤鹿同春撑栱 /185
十鹿图石雕 /186

吉祥寓意
鲤鱼化龙纹砖雕 /187

民俗风情
画眉夫妻砖雕 /188
客到徽州图砖雕 /189

自然生态
"荷蟹"图砖雕 /190
荔枝来禽砖雕 /191

江淮撷珍

玉琮 /194
青铜跪跽俑 /195
束绢形青玉饰 /196
描金彩绘云气纹朱雀衔蛇漆豆 /197
铜鎏金熊形席镇 /198
越窑青釉荷叶口碗 /199
金釦玛瑙碗 /200
兽面纹玉卣 /201
葵花形金盏 /202
玛瑙洗 /203
贯耳玉瓶 /204
虎钮玉押 /205
菱花形凤纹银果盒 /206
"张成造"剔犀云纹漆盒 /207
宣德青花花果纹大盘 /208
犀角杯 /209
朱三松制松鹤人物竹雕笔筒 /210
象牙圆雕说书艺人 /211
木雕铁拐李 /212
黑漆嵌螺钿山水人物纹酒斗 /213
竹雕童子牧牛 /214
玻璃内画周乐元款通景山水纹鼻烟壶 /215

安徽文房四宝

宣笔纵横

笔墨寻踪
"道光戊午"款木管抓笔 /220
象牙管山水图笔 /220
白潢恭进天子万年紫毫笔 /221
胡开文支店制竹管羊毫提笔 /222

徽墨流芳

墨苑撷英
方于鲁仙桃墨 /224
程君房百爵图石绿墨 /226
胡开文地球墨 /227
乾隆朱砂御墨 /228
康熙吴天章"龙宾十友"墨 /229

千锤万杵
四库文阁图墨模 /230

宣纸千秋

纸寿千年
生玉版宣张即之《楷书华严经》/232
生玉版朱耷《荷花图》/233

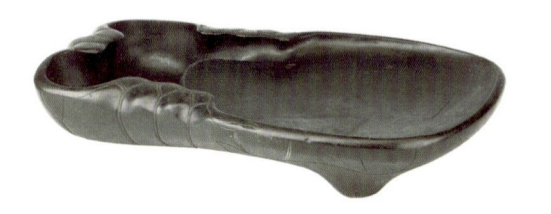

宣纸精粹
五彩雪金蜡笺 /234
磁青纸泥金书画册《观世音菩萨普门品经》/235
描金云龙朱砂笺 /236
虎皮宣 /237

歙砚永泽

砚田恒久
铜鎏金兽形铜盒砚 /239
赭釉多足砚 /239
箕形歙砚 /240
长方形抄手石砚 /241
枣心眉纹歙砚 /242
蝉形歙砚 /243

砚海寻珍
筏游道人铁砚 /245

文房雅尚

竹臂搁 /247
象牙蹴鞠笔筒 /248
剔红漆墨床 /249
茄皮紫釉桃形倒流壶 /250
象牙雕松鼠葡萄叶形香橼盘 /251

🌿 烽火江淮——安徽革命史陈列

《新青年》/254
苏联制马克思银像 /254
袁家声旧藏戚继光、张树侯铭文端砚 /255
王步文烈士眼镜 /256
祖晨家书 /257
马毛姐棉袄 / 马毛姐一等功红布五角星 /258
皖北人民行政公署印 / 皖南人民行政公署印 /259

🌿 新安画派

程嘉燧《远山古屋图》/262
李流芳《山林读书图》/263
李永昌《春山亭子图》/264
孙逸《溪桥觅句图》/265
汪之瑞《空亭幽树图》/266
渐江《晓江风便图》手卷 /267
查士标《古木远山图》/268
郑旼《溪山亭子图》/269
黄宾虹《山水四屏》/270
汪采白《黄山纪游图》/271

🌿 潘玉良艺术作品展

《野菊花与线装书》/274
《窗前女人体》/275
《豢猫》/276
《俯首女人体》/277
《春之歌》/278
《自画像》/279
《桐庐待发》/280
《双人扇舞》/281

生字词注音释义 /282

目录　009

安徽博物院

了解安徽博物院

筹建时间： 1953年

地理位置： 庐阳馆位于安徽省合肥市安庆路268号，蜀山馆位于合肥市怀宁路87号

建筑面积： 6.2万平方米

常设展览： "安徽文明史陈列" "徽州古建筑" "安徽文房四宝" "江淮撷（xié）珍" "烽火江淮——安徽革命史陈列" "新安画派" "潘玉良艺术作品展" "安徽古生物陈列"等

藏品数量： 31万余件

藏品特点： 以商周青铜器、汉代画像石、古代陶瓷器、宋元金银器、文房四宝、明清书画、徽州雕刻、古籍善本、契约文书、近现代文物及潘玉良美术作品等为特色

安徽博物院导视图

2F 蜀山馆区

① 安徽文明史陈列（一）
② 临时展厅（一）
③ 文创空间
④ 游客中心

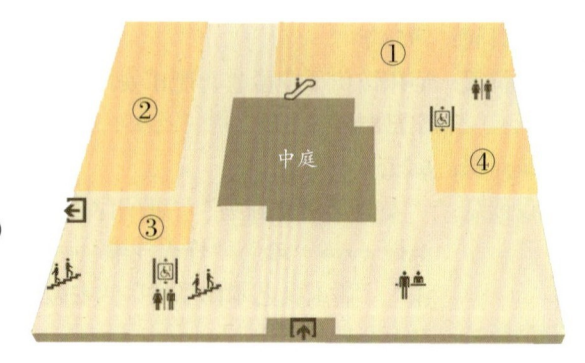

3F 蜀山馆区

① 安徽文明史陈列（二）
② 安徽文明史陈列（三）
③ 阅读空间

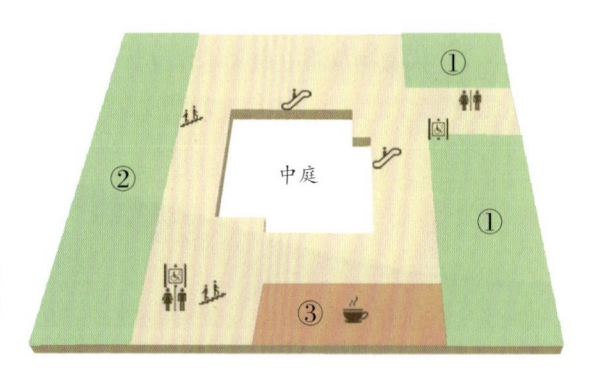

4F 蜀山馆区

① 徽州古建筑（一）
② 徽州古建筑（二）
③ 徽州古建筑（三）
④ 安博智时空

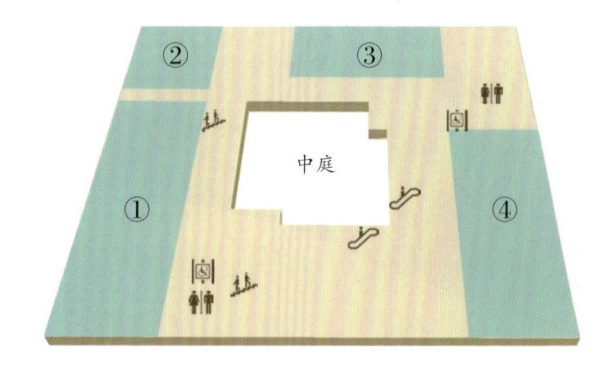

5F 蜀山馆区

① 江淮撷（xié）珍
② 安徽文房四宝
③ 新安画派
④ 临时展厅（二）
⑤ 临时展厅（三）
⑥ 临时展厅（四）

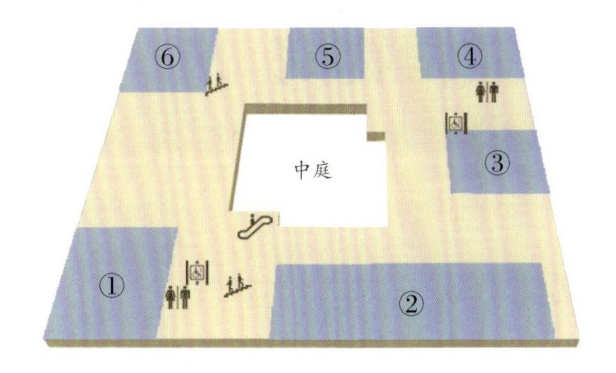

1F 庐阳馆区

① 安徽古生物陈列
② 临时展厅（一）
③ 安徽好人馆
④ 烽火江淮——安徽革命史陈列

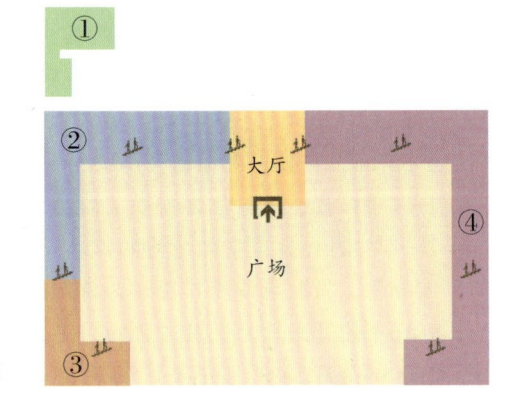

2F 庐阳馆区

① 临时展厅（二）
② 临时展厅（三）
③ 安徽好人馆
④ 潘玉良艺术作品展
⑤ 欧豪年美术作品展

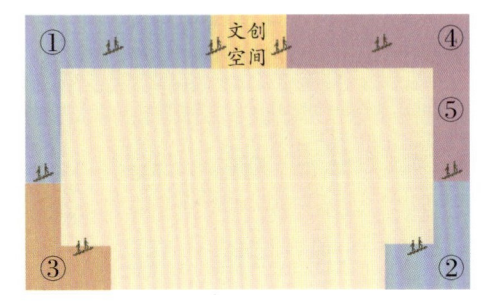

3F 庐阳馆区

① 临时展厅（四）

了解安徽博物院

安徽博物院
简介

历史沿革

1953年4月，皖北区革命历史文物陈列所、皖南人民文物馆及皖南、皖北科学馆合并，成立了"安徽省博物馆筹备处"。

1955年8月，安徽省博物馆陈列展览大楼动工。

1956年2月，安徽省博物馆陈列展览大楼建成。

1956年11月14日，安徽省博物馆正式开馆。

1958年9月17日，毛泽东主席视察安徽省博物馆并发表了重要讲话。

1961年11月，陈毅视察安徽省博物馆并题写馆名。

2007年1月16日，安徽省博物馆新馆奠基。

2008年，安徽省博物馆获评为首批国家一级博物馆。

2010年12月28日，安徽省博物馆更名为安徽博物院。

2011年9月29日，安徽博物院蜀山馆（新馆）正式建成开放，开启"一院两馆"运行模式。

2013年，安徽省博物馆陈列展览大楼入选第七批全国重点文物保护单位。

概　况

　　安徽博物院是安徽省最为重要的文物收藏、保护、研究、展示、教育机构。古旧字画装裱修复、青铜器保护修复、碑刻保护拓片等技术力量雄厚，在漆木器保护、油画保护修复、文物预防性保护方面具备一定实力。

　　1958年9月17日，毛泽东同志视察安徽省博物馆并发表了重要讲话："一个省的主要城市，都应该有这样的博物馆，人民认识自己的历史和创造的力量是一件很要紧的事。"周恩来、刘少奇、朱德、邓小平、李先念、叶剑英、彭德怀、陈毅等老一辈党和国家领导人先后来馆视察，陈毅同志题写了馆名。

　　安徽博物院现为一院两馆运行模式。庐阳馆（老馆）展陈大楼为仿苏式建筑，2013年入选全国重点文物保护单位，常设展览有"烽火江淮——安徽革命史陈列""安徽古生物陈列""安徽好人馆"等。蜀山馆（新馆）建筑造型体现了"五方相连、四水归堂"的徽派建筑风格和青铜纹饰元素，常设展览有"安徽文明史陈列"以及"徽州古建筑""安徽文房四宝""江淮撷（xié）珍"等专题。两馆每年还引进、举办多场展现境内外代表性历史文化风貌的精品临展。

　　如今，安徽博物院不仅是文物收藏、保护和展示场所，还在求索中形成了功能多元化、服务人性化的发展特色。

主要藏品及突出特点

安徽博物院馆藏文物有历代铜、陶、瓷、金、银、玉器、货币、书画、民俗、砖雕石刻，文房四宝，还有革命文物及社会主义建设时期的文物等，总计31万余件。特色藏品包括商周青铜器、汉代画像石、古代陶瓷器、宋元金银器、文房四宝、明清书画、徽州雕刻、古籍善本、契约文书、近现代文物及潘玉良美术作品等。其中有铸客大鼎、龙虎纹四环铜鼓座、吴王光鉴、鄂君启金节、金釦（kòu）玛瑙碗、"张成造"剔（tī）犀云纹漆盒等国宝级文物。

安徽文明史陈列

安徽地跨长江、淮河，自然地貌多元，文化兼有南北，在中国文明发展进程中占有重要的地位。本陈列选取具有安徽各个历史阶段社会发展代表性的文化遗存、珍贵文物、历史事件和历史人物，从不同侧面反映安徽历史文明发展的脉络。

徽州古建筑

古徽州一府六县，山清水秀，独特的地理环境与历史背景，孕育了内涵丰富、极具特色的徽文化。徽州古建筑是我国民间建筑的一颗璀璨明珠，具有鲜明的地域风格，以民居、祠堂、牌坊最为典型，被誉为徽州古建三绝。

江淮撷珍

安徽襟江带淮，自古人文昌盛、经济繁荣，文物资源丰富，馆藏古代工艺品种类繁多。此展厅撷（xié）取馆藏文物珍品，于方寸之地，再现其精妙至美，一窥古代工匠巧夺天工的精湛技艺，感受中华文明的经典与传承。

安徽文房四宝

安徽文房四宝的历史源远流长。唐宋以来，历代匠人秉承因循物性、道器合一的造物思想，凭借安徽得天独厚的物产资源和人文环境，恪（kè）守精益求精、鼎故革新的工匠精神，为世人奉献了无数文房佳品。其中的杰出代表宣笔、徽墨、宣纸、歙（shè）砚为古今文人雅士所珍爱，并成为安徽文化的一张亮丽名片，享誉世界。

潘玉良艺术作品展

潘玉良是20世纪中国最具影响力的女画家和现代美术教育家之一。她出身贫寒却志存高远，以罕有的女艺术家身份成为融会中西画风、革新中国艺术的先驱。潘玉良一生坚持"合中西于一冶"的艺术追求，用中国书法的笔法来描绘万物，作品近5000幅存世，其中4000余件遗作和遗物收藏于安徽博物院。

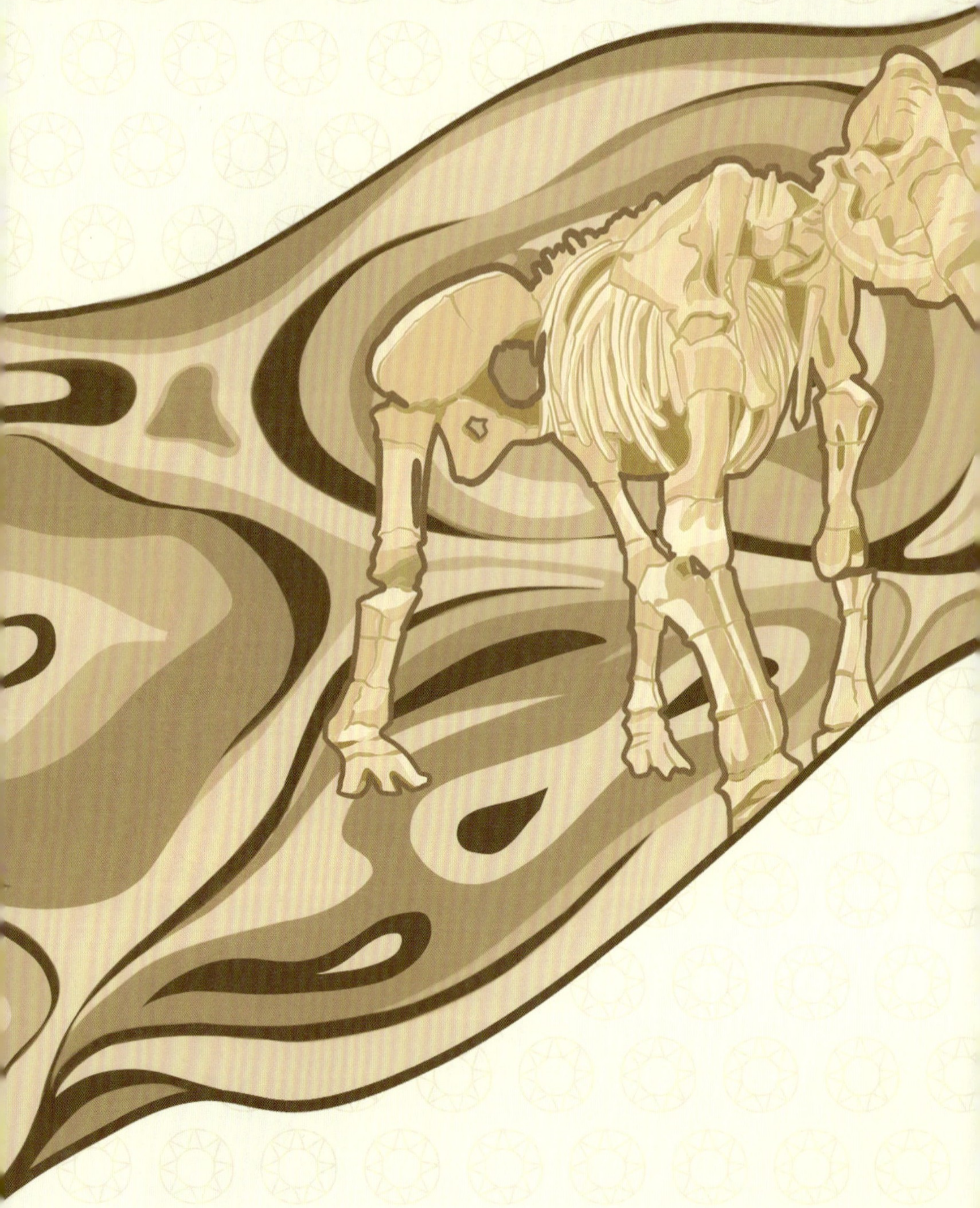

安徽古生物陈列

　　安徽省位于祖国东部低海拔地区，长江、淮河两大水系横贯省内，将全省划分为淮北平原、江淮丘陵和皖南山地三大自然地理区域。省内中生代、新生代地层发育十分完整，古生物化石极为丰富，化石种类和地史材料众多，在古生物学研究中占有重要地位。

　　本陈列在普及古生物学相关学科知识的基础上，以安徽地区发现的中生代、新生代古生物、古人类化石、旧石器文化为主体，结合有关资料，向人们展示生物进化的历史，是广大观众，尤其是大、中、小学生科普教育的良好课堂。陈列所展示的标本，多为安徽省重要发现，可为从事相关学科研究的专家、学者，提供珍贵的实物资料。

鱼龙爬行近海生

龟山巢湖鱼龙

早三叠世晚期
长34cm 宽22cm 厚15cm
安徽合肥巢湖马家山出土

鱼龙是最早成功适应海洋生活的一类海生爬行动物，出现在早三叠世晚期，历经三叠纪、侏罗纪、白垩（è）纪三个时期，从2.5亿年前，一直生活到6500万年前，存在了1.8亿年。与一般爬行动物"卵生"不同，鱼龙是一种"卵胎生"动物。

龟山巢湖鱼龙是目前仅在安徽巢湖地区发现的小型鱼龙，只有0.5米左右长，是鱼龙类中最小的一种。它有大大的眼睛，细长的吻部，四肢呈鳍状，侧扁的身体是它们外形上最大的特点。这些较为原始的特征，使它们只能适应于近海生活。

这具龟山巢湖鱼龙化石是世界上已发现的最早的鱼龙化石之一。

巢湖鱼龙复原图

淮河古菱齿象

中更新世晚期

长8m　高4m

安徽蚌埠怀远茨（cí）淮新河工地出土

淮河老象骨完整

　　淮河古菱齿象（简称淮河象），是生活在距今1万—20万年的更新世晚期的大型哺乳动物，由于这类象的臼齿磨蚀后，齿板中央就会扩大呈菱形，因此而得名。从牙齿结构和咀嚼特征看，淮河古菱齿象可能与非洲象有演化关系，它们生活于森林、草原环境，食用树叶、树枝，甚至嫩的树干、树根，主要在华北、华东等地区活动。其化石在安徽、山东、江苏、河北、河南均有发现，多见于河道。

　　这具淮河古菱齿象化石是我国迄今发现的同类象化石中骨架比较完整的之一。这头象形体巨大，其骨骼和骨缝的愈合程度等体质特征显示，这是一头约60岁的老年雄象。

　　淮河古菱齿象的发现，为研究象类演化、古菱齿象的体质特征等提供了珍贵资料，同时，对于研究淮河流域第四纪古地理、古气候等具有重要意义。

安徽文明史陈列

  安徽地跨长江、淮河，自然地貌多样，文化兼有南北，在中国文明发展进程中占有重要的地位。在这里人类历史可上溯至200多万年前，各地发现的石器时代文化遗存，显示了安徽境内氏族社会文化的高度发达。夏商周时期，方国林立，至战国统一于楚，礼乐制度深受中原王朝影响，皖南铜矿的采冶为中国青铜文明的辉煌做出了重要贡献。秦汉之际及魏晋时期，留下众多遗址遗迹。至汉代，经济、文化、科技水平达到前所未有的高度。

隋唐宋元时期，以大运河为代表的水陆交通发达，带动了安徽及东南地区的社会经济发展，安徽成为全国经济重心南移的发端。明清时期，徽商推动了中国城镇经济和文化的发展，为博大精深的徽州文化打下了坚实的物质基础。鼎盛于清中叶的桐城文派，为中国文学史谱写了浓墨重彩的华章。本陈列选取体现安徽各个历史阶段社会发展代表性的文化遗存、珍贵文物、历史事件和历史人物，从不同侧面反映安徽历史文明发展的脉络。

第一部分

人类遗存 涂山会盟
——史前时期的安徽

旧石器时代是人类历史发展的第一个阶段，也是延续时间最长的时期。祖先们以粗糙的打制石器为主要劳动工具，以采集和渔猎为生，过着原始的群居生活。大约1万年前，人类进入新石器时代，磨制石器被普遍使用，出现了农业，人类学会了饲养家禽家畜，开始了定居生活。陶器制作成为这一时期最具特色的手工艺，玉器等手工业制品开始出现。

安徽境内的人类踪迹可上溯至250万年前的人字洞遗址，这也是亚洲地区迄今发现最早的人类活动遗存，和县直立人、东至直立人和巢湖银山智人化石的发现，说明江淮大地是远古人类演化、生息的重要地区之一。蚌埠双墩、含山凌家滩、潜山薛家岗、蒙城尉迟寺、怀远禹会村等新石器时代遗址的发现，展示了绚丽多彩的氏族文化和令人惊叹的史前科技水平。从7000多年前的双墩遗址到4000年前的禹墟遗址，从神秘的刻划符号到庄严的会盟祭坛，文明的曙光初现。

人类踪迹

经过200多万年的漫长岁月，人类完成了由南方古猿、直立人到智人体质形态的进化。安徽境内250万年前就有人类活动，现已发现旧石器、古人类遗址50多处，大多数位于淮河以南，尤以长江流域为多。这些发现为我们展开了一幅幅生动的远古人类画卷，透过这些画卷，我们仿佛看到远古时代的一幕幕生活场景，人们依靠群体的力量，与大自然作抗争，求得生存与发展。

骨铲／石器

早更新世早期
1、2.骨铲，长约15cm　宽约8cm
3.石器，长约9cm　宽约6cm
4.石器，长约5cm　宽约3.5cm
5.石器，长约5cm　宽约4cm
6.石器，长约9cm　宽约4cm
安徽芜湖繁昌人字洞遗址出土

这组骨铲和石器出土于繁昌人字洞遗址，是亚欧最早的人类活动遗存。繁昌人字洞遗址位于安徽省繁昌县孙村镇癞痢山，地质时代为早更新世早期，因遗址裂缝呈人字形，故得名人字洞。考古人员在该遗址发现了大量石制品、骨制品等早期人类劳动工具，这说明早在250万年前亚欧大陆就有了人类活动，将该地区人类历史提前了80万年，为研究东亚地区早期人类起源与环境背景提供了极为重要的实物资料。

亚欧人迹此为先

石核／石球／砍砸器／刮削器／尖状器

早更新世晚期至中更新世晚期

石核，长约10cm　宽约9cm

石球，直径约7cm

砍砸器，长约12cm　宽约8cm

刮削器，长约10.5cm　宽约6.5cm

尖状器，长约22cm　宽约10cm

安徽宣城陈山遗址出土

厚重粗犷为实用

陈山遗址的地质时代为早更新世晚期至中更新世晚期，在这里出土了石制品400余件，包括砍砸器、刮削器、尖状器、石核、石球等。总体风格厚重粗犷、简练实用。这一发现向人们全面系统地揭示了长江中下游地区旧石器的面貌和风格，证明在距今80万年至12万年这一漫长的时期，我们的祖先一直繁衍生息在这块土地上。

石核 　　　　　　　石球 　　　　　　　砍砸器

刮削器 　　　　　　　尖状器

和县人头盖骨（模型）

更新世中期

长约18cm　宽约16cm

安徽马鞍山和县人遗址出土

　　和县人遗址距今30万—20万年，在这里出土了一具相当完整的直立人头盖骨化石以及大量的脊椎动物化石，首次向人们揭示了长江中下游地区古人类活动的奥秘。

　　和县人头盖骨是我国迄今发现的完整的直立人头盖骨之一。这是一块20岁左右的青年男子的头骨，粗壮而厚重，额骨低平且明显向后倾斜，颅骨显得较宽，生前头骨后部遭受过创伤。他的体质特征接近于北京猿人，但比北京猿人进化程度更高。

　　和县猿人头盖骨是我国继北京猿人、蓝田猿人之后第三例被发现的猿人头盖骨化石，也是长江流域的第一例，说明了长江流域与黄河流域一样，也是中国古代人类的发源地。

和县再命祖先名

早期智人出银山

银山智人枕骨（模型）

更新世中期
长约12cm　宽约8cm
安徽合肥巢湖银山人遗址出土

　　银山人遗址距今20万—16万年，是长江中下游地区唯一一处发现早期智人化石的地点。
　　在这里出土了人类枕骨、上颚骨、牙齿等化石以及大量哺乳动物化石。其中，人类枕骨化石是一青年女性个体，枕骨较宽，骨壁厚度较薄，与某些早期智人特征相近，应为早期智人阶段。

原始文化

　　安徽地处淮河、长江两大流域,是多个历史文化区的交会地带,不同地区的新石器文化各具特点。文字、礼仪、城市甚至国家的起源和雏形被发现,这一系列文明要素的积淀,在新石器时代随着文化交流的增多而逐步发展。玄奥丰富的刻划符号、精美绝伦的远古玉器、完整恢弘的原始聚落、迈向文明的祭祀会盟等,勾勒出安徽地区早期社会复杂化的演进和早期文明的形成过程,描绘出安徽各区域间以及安徽与周边地区交流互鉴、融合发展的美丽画卷,体现了中华文明多元一体的发展趋势。

百事刻划汉字源

刻划符号

新石器时代
最大长约16cm　宽约11cm
最小长、宽约8.3cm
安徽蚌埠双墩遗址出土

双墩遗址距今约7300年，是安徽淮河中游地区发现最早的新石器时代文化代表，被命名为"双墩文化"。这里出土了大量陶器、石器、蚌器、骨器、角器和动物骨骼，尤其在陶器底部发现了600多个刻划符号，涉及双墩人的衣食住行、天文历法以及宗教信仰等内容，对研究中国文字起源意义重大。

双墩刻符的功能可以分为表意、戳（chuō）记、记数三大类，其内容宽泛，包含日月、山川、动植物等自然界事物，也有狩猎、捕鱼、网鸟、种植、养蚕、编织、饲养家畜等生产活动实录，还有记事与记数类等，可称为原始社会的"百科档案馆"。

学者们通过对其中的一部分符号进行深入研究和探讨，并将符号与甲骨文、金文以及今天的汉字进行对照释读，认为双墩符号是社会经济文化发展到一定历史阶段的必然产物。

文面求得神庇佑

纹面泥塑人头像

新石器时代
高6.3cm　宽6.5cm
安徽蚌埠双墩遗址出土

　　这是一件陶器的残存部分。头像塑造了一个女性的形象，眉脊突出，额头正中雕刻有两个同心圆，称为"雕题"，脸颊各戳印了五个小圆点，称"纹面"。其双唇微张，似笑非笑，给人古拙神秘之感。头像整体塑造手法简练、粗犷，写实中又稍带夸张，在制作时泥土中掺入了云母末，使得人头像在光照下银光点点。

　　文身，又作"纹身"，"雕题"是指面额部分的文身。中国古籍中对文身不乏记载，范晔在《后汉书·南蛮西南夷列传》中有云："种人皆刻划其身，象龙纹。"

　　双墩遗址纹面人头像的发现说明至少在7000多年前，中国已经有了文身习俗。在原始社会，人类文身多出于对自然的敬畏与崇拜，求得自身庇护，后来渐渐发展成为以文身来区分部落族群，或是象征不同的身份地位。

安徽文明史陈列　021

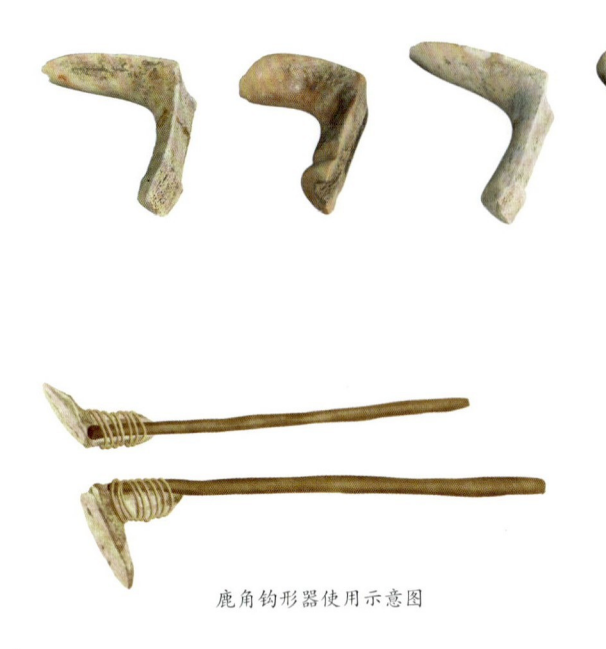

鹿角带钩天然成

鹿角钩形器使用示意图

鹿角钩形器

新石器时代
长约4.6cm 宽约1.2cm
安徽蚌埠双墩遗址出土

　　双墩遗址发现了大量动物骨骼，以鹿、猪为多，螺、蚌壳在有的地层几乎成堆出土，表明当时渔猎经济占有很大比重。人们就地取材，利用动物骨骼和蚌壳制造工具，鹿角钩型器和蚌器比较流行，出土数量多。

　　鹿角钩形器，也称鹿角靴形器，是双墩遗址出土的代表性文物，大多数尺寸较小，制作精细，工序复杂。它们绝大多数是以鹿角为原料，分钩和柄两部分，巧妙利用鹿角主干和分支的天然形状加工而成。首先截取一段鹿角的主、叉枝，然后切割加工成坯，再精磨成器，主枝为钩，叉枝为柄，钩柄有一段系绳索的槽。

　　关于其用途，学术界说法不一，推测为采集工具、钩捞工具、渔猎工具、纺织用具和制陶工具等。从双墩遗址发现的鹿角钩形器数量和质量推测，这应该是一种普遍使用的实用工具，工具用途多样化，在采集、渔猎等场合都可使用，代表着双墩人丰富的创造能力。

　　鹿角钩形器的出现，贯穿于整个新石器时代，江淮地区、环太湖地区和中原地区都能看见它的身影。现有发掘出土的鹿角钩形器，超过一半都来自江淮地区，以双墩遗址为代表的江淮地区是这种器物分布的中心区域。

神鹰飞翔佑中华

玉鹰

新石器时代
长6.4cm　宽3.6cm　厚0.5cm
安徽马鞍山含山凌家滩遗址出土

  凌家滩遗址位于含山县铜闸镇凌家滩村，距今约5500多年，发现了生活区、独立墓地、祭坛及大型红烧土建筑等遗迹。出土1000多件玉器，种类之多、造型之美、制作之精，堪称史前玉器经典。凌家滩地处长江支流——裕溪河的北岸，在其周边发现同时期小型遗址20余处，说明此地是长江流域一处十分重要的中心聚落遗址。

  这件玉鹰呈展翅飞翔状，玉鹰侧脸昂首眺望远方，鹰嘴如钩，眼睛用对钻穿孔表示。胸部饰以八角星纹，中心作一圆孔。双翼作猪首形，猪眼和猪鼻孔都以穿孔表示。鹰的两面雕刻相同，表面抛光润亮。

  在远古时期，人们靠天而食，因此，有了太阳崇拜；人们向往自由飞翔的翅膀，因此，有了鸟的崇拜；猪是人类最早驯化的家畜之一，是财富的象征，也是古人的崇拜之一。有学者认为，八角星纹象征着太阳，而这件玉鹰则是当时太阳崇拜、鸟崇拜、猪崇拜三位一体的体现，也可能是三个部落联盟的图徽。

纤毫毕见令人叹

坐姿

立姿

凌家滩玉人（坐姿／立姿）

新石器时代
左，高8.1cm　宽2.3cm　厚0.8cm
右，高9.8cm　宽2cm　厚0.5cm
安徽马鞍山含山凌家滩遗址出土

　　凌家滩遗址发现了大量距今5500—5300年的玉器，其中的玉人，是中国最早的玉人像。

　　这一坐一立的两件玉人皆头戴圆冠，冠上有一尖顶，方首阔面，两边长耳下方各有一孔，面部雕刻清晰，鼻子两侧各刻一道阴线以示胡须，眼睛微闭，双臂弯曲紧贴胸前，十指张开，手臂上戴着数个手镯，腰部系着腰带，光脚。

　　它们不论坐或立，皆神情庄重、肃穆，显示其正在进行极其神圣的活动。玉人背后还有一钻孔，孔径仅约1.5毫米，坐姿玉人背后钻孔内还残留有管钻时留下的玉芯，玉芯顶端直径仅0.15毫米，如此高超的钻孔技术令人惊叹。

　　凌家滩遗址出土的玉人，其形象看起来和红山文化玉人相似，工艺上也一致。可见两地文化有了相当程度的交流。

玉龙出世云霁开

玉龙

新石器时代

长4.4cm 宽3.9cm 厚0.2cm

安徽马鞍山含山凌家滩遗址出土

　　玉龙首尾弯曲相连，头上有两角，吻部突出，脑门阴刻线条呈褶皱状，龙须、嘴、鼻、眼都刻划得较清楚，龙体上阴刻17条线来表现龙鳞。尾部钻有一孔，供穿系之用。整件器物生动传神，线条细腻流畅，展现了当时高超的玉器制作技术。

　　龙形图案或器物在中国原始社会屡有发现，或刻于陶器上，或制成玉器，还有用蚌壳拼凑成的龙形图案，龙的造型也各具特征。可见，在新石器时代，中国已普遍存在原始的龙图腾崇拜现象。

　　凌家滩玉龙，相较于红山文化出土的玉龙，通体更薄，但在形象雕刻上更为丰富，能够明显看出龙鳞和龙角，"龙"的形像呼之欲出。

玉豖（shǐ）

新石器时代
长6.9cm　宽2.7cm　厚1.4cm
安徽马鞍山含山凌家滩遗址出土

"豖"即猪，这件玉豖玛瑙材质，神态憨态可掬，尾部有一穿孔，可悬挂作配饰。

玉龙凤璜（huáng）

新石器时代
长16.5cm　宽1.5cm　厚0.5cm
安徽马鞍山含山凌家滩遗址出土

此玉璜在制作时被刻意一分为二，并在下方各琢出一个未透的小孔以及一条浅凹槽，似为榫卯（sǔn mǎo）结构。这种可分可合的璜形玉器可能是两个氏族或部落之间进行结盟或联姻的信物，在订立盟（婚）约时，双方各保存半个，到履行约定时，再各自出示，合成一个整体。

家中无栏豖奔欢

相约信物各持半

石美为玉炫财富

玉猪

新石器时代

长75cm　宽32cm　高38cm

安徽马鞍山含山凌家滩遗址出土

　　这件玉猪是目前我国考古发现的时代最早、形体最大和最重的猪形玉雕，出土于凌家滩发现的面积最大、随葬品最多的墓葬中。

　　据考古人员推测，墓的主人很可能是一位神权领袖。这里的随葬品达到330余件，其中仅玉器就达200余件。墓穴最长3.6米，最宽2.1米，墓主人头部朝南，头部附近放置了大量玉环，十几个玉璜（huáng）位于其胸部，胸部到脚部以下排列着大量石锛（bēn）、石钺（yuè）和石凿等，他的左右手分别戴着十个玉镯，下腹部放置着三个玉龟形器，脚部堆积着大量的玉环和石钺。墓坑填土之后放置一件硕大的玉石猪。

　　玉猪体形庞大，重达88千克，系透闪石加工而成，采用粗犷、写意的雕刻手法，充分利用石料的天然形状，制造出突耸的脊背、微凹的脖子，其中猪首刻划生动，吻部突出，其上有两个鼻孔，嘴两侧刻有一对向上弯曲的獠牙，眼睛、耳朵等细部也清晰可见。从突出的獠牙和脊背来看，应为一野猪。

　　史前出土的猪形雕塑多为家猪形象，野猪形象少见，形体如此巨大的野猪雕塑更是罕见。与家猪相比，野猪更具力量和野性，或许正因为如此，野猪在史前凌家滩文化中被赋予了崇高的地位。

安徽文明史陈列　027

先民智造耀江淮

石钻

新石器时代

长6.3cm　宽1.2cm　高2.5cm

安徽马鞍山含山凌家滩遗址出土

在凌家滩遗址出土文物中有一枚保存完好的5000多年前的石钻，也是目前我国发现的新石器时代早期最完整的石钻。

凌家滩遗址发现的玉器的钻孔方式有实心钻和管钻两种。实心钻又分为单面钻孔和双面钻孔两种，单面钻孔，俗称"马蹄孔"，就是从一侧打孔，孔径越钻越小，孔整体呈现出一端大一端小的外观特征；双面钻孔，是先从一侧开始打孔，打到大约中间的位置后，再从对应位置的另一侧开始打孔，完成后的孔洞整体呈现出两端大中间小的外观特征。

这件石钻一端粗，一端细，两端都有类似螺丝纹的钻头，应为玉石器钻孔或打磨孔边缘的工具。在显微镜下观察螺丝纹旋转的曲线非常流畅，外形与现代的钻头已经非常相似。这类器物从距今七八千年到两千多年前分布广泛，凌家滩目前仅发现此一件。

它的发现展现了中国古人对于工具制造和使用的智慧，反映了先民高超的制造技艺和聪明才智，因此，它被人们誉为来自远古的中国"智造"。

彩绘石钺（yuè）

新石器时代

长13cm　宽12cm

安徽安庆潜山薛家岗遗址出土

　　此钺制作精致，表面光滑，刃部锋利，在孔周围绘有红色花果形图案，现色彩大都脱落，但印迹仍清晰可见。

　　钺是一种兵器，形似斧而较大，多作为象征权力的礼仪用具。新石器时代墓葬中常见随葬石钺、玉钺的情况，商周时期则普遍以青铜钺取代。

　　古代史书、诗词中对钺的王权或军事权力象征屡有记载，如《尚书·牧誓》记载周武王伐纣，誓于牧野时的情景："王左杖黄钺，右秉白旄（máo）以麾（huī）"；唐代李白《赠张相镐二首》中云："拥旄秉金钺，伐鼓乘朱轮"。

王者之威杖石钺

安徽文明史陈列

筒形玉琮作佩饰

玉琮（cóng）

新石器时代

长宽1.8cm　高2.1cm

安徽安庆潜山薛家岗遗址出土

这件玉琮形制很小，是目前所见年代较早的玉琮。

琮是一种内圆外方的筒形玉器，盛行于新石器和商周时期，汉代以后极少见到。有学者认为，其方象征地，圆象征天，玉琮应为巫师通天地敬鬼神的一种法器，在举行宗教仪式时使用。《周礼》中记载："以玉作六器，以礼天地四方。以苍璧礼天，以黄琮礼地，以青圭礼东方，以赤璋礼南方，以白琥礼西方，以玄璜（huáng）礼北方。"可见，琮是我国古代重要礼器之一。

新石器时代良渚文化出土的玉琮最为丰富，也最具特征，琮表面多饰以精美的神人兽面纹，早期玉琮较低矮，后逐渐出现分节、加高的趋势。墓葬中随葬玉琮，用以敛尸镇墓、避凶祛邪，墓葬中随葬玉琮的数量，直接反映了墓主人生前的财富和权势。

薛家岗玉琮属小型玉琮，这类玉琮可能作为玉钺的挂饰或附件，也可与其他玉饰件组合成项链等佩饰，有学者称其为"琮形管"。可以说，玉琮是寓宗教、仪礼、权力、装饰功能于一体的复杂又特殊的玉器。

多孔花果史未见

多孔石刀

新石器时代

1. 一孔石刀 长13cm　宽9cm
2. 三孔石刀 长21cm　宽10cm
3. 五孔石刀 长30cm　宽10cm
4. 七孔石刀 长30cm　宽12cm
5. 九孔石刀 长44cm　宽12cm
6. 十一孔石刀 长40cm　宽11cm
7. 十三孔石刀 长51.6cm　宽10cm

安徽安庆潜山薛家岗遗址出土

多孔石刀是薛家岗文化最具代表性的器物。石刀钻孔通常为奇数，从1孔至13孔皆有发现。有学者认为这是薛家岗人对"阳数"有着某种崇拜。有些石刀在孔周围还绘有规整的红色花果形图案，这在中国考古史上是前所未见的。

石刀在新石器时代遗址中多有发现，用途主要为农业收割工具、做刮削器、切割食物等。有孔石刀在使用时用绳子穿过孔洞，将其固定在杆上，以杆作手柄。薛家岗遗址出土的石刀尤为特殊，其磨制精细，棱角分明，孔距均匀，部分石刀在孔眼周围还绘有红色花果形图案，色泽艳丽、画面拙朴。其中13孔石刀，在新石器时代考古中尚属首次发现。

薛家岗多孔石刀体形庞大，通体扁薄，多出土于墓葬，在很大程度上已脱离实用工具的范畴，具有了礼器性质。

安徽文明史陈列

日
月
同
辉
共
江
河

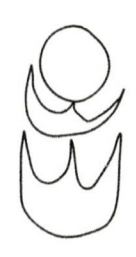

刻纹大口尊

新石器时代

高70cm 口径30cm

安徽亳（bó）州蒙城尉迟寺遗址出土

　　蒙城尉迟寺遗址距今4800—4300年，属于中华早期文明阶段，是皖北地区目前发现的规模最大的原始聚落遗址。

　　这种大口尊的形状像一枚大炮弹，重达几十斤，呈尖底或圜底状，无法直立摆放，显然不是日常生活用具。其口沿之下，往往刻有"🝆""🝅"等类似"日""月""山"形状的符号。这种刻划符号，在山东陵阳河遗址、大朱家村遗址、诸城前寨遗址都有发现，是属于大汶口文化的独特标志。在遥远的两地出现相同器物和陶刻符号，绝非偶然，是文化交流和传播的结果。

　　这种刻有特殊符号的大口尊在尉迟寺遗址中多处发现，或作为儿童瓮棺葬的葬具，或作为祭祀用具。在山东陵阳河遗址中则作为成人墓葬的随葬品出现。

　　新石器时代晚期，各种宗教行为已普遍存在人们生活中，其中自然崇拜是原始社会最为常见的现象。这种符号可能是原始人对所崇拜的自然现象的抽象摹画，并把它刻到大口尊上，于是这种刻纹大口尊便成了神圣的器物，作为重要人物的陪葬品，或者在祭祀中供膜拜，有学者认为这种符号已具有大汶口文化族徽的性质。也有研究者认为，此类符号表示的是部族中担任"火正"一职的职官，他掌管对于星宿大火的观察、祭祀，并以此为历法，安排农业生产活动。

鸟形神器

新石器时代
高60.5cm　宽35cm
安徽亳州蒙城尉迟寺遗址出土

这件鸟形神器是尉迟寺遗址出土的最特殊的器物，也是我国迄今为止发现的最为完整的图腾标志。其器型匀称、端庄、稳重，主体造型的象形体鸟和附加造型的抽象体鸟冠饰合为一体，整个器物具有一种神秘感。

器物表面呈红褐色，伴有灰褐色斑块。器型整体像瓶，可分为上、中、下三部分，上部为一鸟形体，颈与头的连接处有一周凹槽，头部后端有一小孔，并与前端口部相通。它可能反映了大汶口人的鸟图腾崇拜现象，或者是作为一件权力象征物，为氏族的首领所拥有，在重大的场合出现，供氏族成员膜拜。

七足镂孔器

新石器时代
高43cm　口径13cm　腹径17cm
安徽亳州蒙城县尉迟寺遗址出土

这件神秘陶器像一个人偶，圆头、长脖颈、顶部竖着七个朝天辫。头部有三个等距的镂孔，其奇特的外形，令人猜想，其用途还有待进一步研究。

这件异型器出土于遗址的房基中，目前尚属首次发现，是尉迟寺遗址又一件带有神秘色彩的陶器。

从器物形状特征分析，七足镂孔器并非一种日常生活的实用器具，它如何摆放，也是一个谜。虽然七个锥形足的长度大致相等，但由于附加在圜（huán）底部位，足尖高低错落，可见不是一件尖部朝下平地放置的器物，应该与宗教有一定的关系。

神鸟欲传云外信

三孔七足为何来

安徽文明史陈列

第二部分

青铜礼乐 夷楚华章
——夏商周时期的安徽

　　夏、商、周时期是中国的青铜时代，"国之大事，在祀与戎"，青铜器的使用与祭祀、战争紧密相连，是这个时期的典型特征。青铜器成为国家政治权力的象征，青铜采冶铸造技术代表了当时的最高生产力。

　　安徽地处南北要冲，交通便利，作为中原和南方诸国的过渡地带，是文化交流的重要枢纽。

　　皖南地区铜矿资源丰富，是中原王朝铸造青铜器原料的主要来源地之一。江淮地区古属淮夷。夏、商、西周时期，中原王朝为获取铜矿资源，与众多淮夷小国或战或和，促进了南北经济与文化的交流，中原高度发达的青铜文化深深影响了安徽地区。

　　至春秋战国，安徽地区因丰富的铜矿资源和显著的军事战略意义，成为大国必争之地，文化融合加快了进程，中原文化、群舒文化、吴越文化、楚文化在这里交相辉映，呈现出多彩瑰丽的文化面貌。

寻踪夏迹

禹娶涂山氏女、治服洪水、威征三苗，召开"涂山会盟"，建立和加强了华夏族与东夷各族的政治联盟，使天下归心，为夏朝的建立奠定了重要的基础。中国出现了第一个王朝——夏，中华文明正式进入新的发展阶段。

近年来安徽夏商考古的重要发现，为探索夏文化踪迹提供了重要线索。江淮大地见证了夏商之际重要的历史变迁。

中原江淮妙音同

单扉铜铃

夏代

口长8.5cm　宽6.5cm　高8.3cm

安徽合肥肥西馆驿大墩孜出土

铃体一侧有扉棱，这种形制的铃是中国最早出现的青铜乐器，铃体的合瓦形开创了商周青铜乐器造型的先河，尤其是奠定了先秦时期双音钟形制的基础，在音乐史上具有极其重要的意义。这件单扉铜铃与河南偃师二里头遗址、安徽肥西三官庙遗址出土的铜铃形制相似，造型和铸造技术都已经比较成熟，是安徽境内出土的时代最早的空腔青铜器，体现了安徽地区与中原王朝的密切联系。

煌煌商域

邦畿（jī）千里，肇（zhào）域彼四海，商朝控制范围较夏朝明显扩大，高度发达的青铜文明广泛影响至周边地区。淮河北部支流源自中原腹地，连接着安徽与中原文化的核心区域。在中原文化的强烈影响下，青铜器铸造技术飞速发展，江淮地区青铜文明迅速发展成熟。

炊烟袅袅鬲中升

兽面纹鬲
商代
高23cm 口径15.4cm
安徽阜阳阜南朱寨月牙河出土

鬲是炊粥器，其特点是有袋状的空足。此铜鬲平雕兽面纹，兽目突出，线条繁缛，具有典型商代中期的特点。三足两耳采用四点配置法，即一耳与一足在同一垂直线上，这种配置法在视觉上会产生不平衡感。至商代晚期，这种设计方法被五点配置法取代，器物显得更加稳重平衡。

三兽浮云守大器

兽面纹尊

商代

高47cm 口径39.3cm 底径24cm 腹围115.2cm

安徽阜阳阜南朱寨月牙河出土

  青铜尊是一种盛酒器,流行于商周时期,作为盛酒器的专称始于宋代,后人沿用至今。

  此尊器腹饰高浮雕兽面纹三组,在铸造上采用了独特的方法,器腹内壁随器表浮雕纹饰走向而凹凸不平,这就要求在制作范芯时根据浮雕纹饰的走向来调整范面的高低,使器壁厚薄差异控制在一定范围内,保证了铸器的成功,这种铸造技术发明后,顺着长江一直向西传播,对南方商代青铜器影响颇深。兽面纹尊造型端庄大气、纹饰精美独特,铸造技术高超,反映出淮河流域商代青铜文化的发展水平。

  与兽面纹尊同时出土的还有著名的龙虎纹尊以及爵、斝(jiǎ)、觚(gū),都是商代青铜器中的精品,其中,龙虎纹尊现藏于中国国家博物馆。

安徽文明史陈列

兽面纹铜斝（jiǎ）

商代
高55.3cm　口径26.1cm　底径20cm
安徽合肥肥西馆驿糖坊出土

　　斝主要用于温酒和盛酒，也用作祭祀时盛酒灌地降神。

　　此斝圆口厚唇，伞形双柱，伞周和顶端饰涡纹，束颈，器身分两段，均饰相同的兽面纹三组，简洁流畅。器身下段微鼓，其下三个尖足外撑。斝有扁平的手柄，被称作鋬（pàn）。

　　爵、觚（gū）与斝是商代最为重要的礼器组合，流行于商代至西周早期，从王室到贵族的墓中皆有出土。

　　1965年肥西县馆驿糖坊出土的两件爵、两件斝、一件觚，皆饰兽面纹。如此巨大的铜斝，颇为少见。

盛酒灌地降神灵

兽面纹觚

商代
高30.5cm　口径16.9cm　底径10.8cm
安徽合肥肥西馆驿糖坊出土

　　觚是饮酒器，常与爵相伴出土。今日通称的觚是沿用宋人的定名。

　　此觚形体高而瘦，细腰，喇叭口，器身饰兽面，纹饰精丽纤细。

细腰长颈喇叭口

大铙宏声起云雷

兽面纹大铙（náo）

商代
残高41.5cm　铣（xiǎn）间41.2cm
安徽安庆潜山出土

　　乐器是礼乐制度的重要组成部分。古人在祭祀、宴飨（xiǎng）等活动的过程中，常配以乐器。

　　大铙主要出土在长江以南的湖南、浙江、福建、江苏等地区，与北方地区成组出土的青铜小铙不同，大铙单独埋藏在山顶、山坡或水边，没有其他器物伴出。商人信仰鬼神，最重视对祖先和自然神的崇拜，而且祭祀繁多。青铜大铙很可能是重大祭祀所用的礼器，祭祀结束后被就地掩埋。

　　这件兽面纹大铙，雄浑大气，铸造精良。除此件外，安徽博物院还收藏一件大铙，两件大铙皆在长江以北被发现，实属罕见，对研究商周时期文化南北交流有着重要的意义。

夷立淮土

　　自夏商以来，生活在淮河流域的淮夷部族逐步发展，西周时期，淮夷成为一股重要的力量。西周王朝屡次派兵征伐淮夷、南淮夷，淮夷对中原王朝时叛时服，曾一度兵临镐京、洛邑，对西周王朝的发展影响深远。

　　安徽沿江一带铜矿资源丰富，是南方重要的铜矿产地。铜矿资源自夏朝就开始开发，至西周采、冶、铸集合发展的青铜器生产模式日渐成熟。

龙纹鼎
西周
通高29cm　口径29.3cm
安徽滁州定远天河乡坝南村出土

龙腾铜鼎显神威

　　安徽淮河流域发现的西周时期的青铜器具有明显的中原风格。这尊龙纹鼎腹部饰有一圈简约大气的龙纹，整体呈现古朴之美。

冰心一片铸铜光

冰铜锭

春秋
长78.4cm　宽19.8cm
安徽池州贵池出土

　　皖南古铜矿炼铜产品为铜锭或铜板。西周晚期至战国时期的铜锭呈菱形，其成分以铜铁为主，属于铜铁合金——冰铜锭。冰铜锭是使用硫化铜矿冶炼的初级产品，它需要进一步冶炼才能得到纯度较高的粗铜。

南金北上去中原

平衡石

西周至春秋
长33cm　宽25cm
安徽芜湖南陵塌里牧出土

铜斧

汉代
长12cm　宽6cm
安徽芜湖南陵塌里牧出土

　　皖南古铜矿的开采可能从夏代延续到宋代，皖南是中国古代青铜时代重要的青铜原料产地之一。先民用斧、镢（jué）、錾（zàn）等工具开凿矿体，用木铲将其铲入筐内，利用平衡石则可以将矿石从矿井底部提升至地面。从这些简陋的生产工具，我们可以想象古代先民采矿的艰辛场面。

安徽文明史陈列

方国林立

春秋时期，周王室衰微，社会动荡，诸侯中的大国逐渐强盛，霸主迭起。安徽地跨江淮，北通中原，南连吴越，地理位置极为重要。西周到春秋时期，安徽淮北及江淮诸多淮夷方国逐步发展壮大，皖南属于吴越的势力范围。

春秋中期以后，楚国北上争霸，同时东进江淮，吴越也逐渐崛起，诸多势力在江淮地区汇聚，江淮大地群雄争霸，争战纷起。

这一时期，频繁的战争加速了文化的交流与融合，中原文化、楚文化、吴越文化、群舒文化等在江淮大地激荡碰撞，极大促进了江淮地区青铜文明的发展。

乔君钲（zhēng）

春秋
高25.2cm　铣间11.8cm
安徽宿州许村芦城子出土

鸣金收兵钲发声

钲，既可以手执敲击，又可以悬挂敲击。战时用于军旅，平时也可用于祭祀宴飨。中国古代曾以"击鼓进军""鸣金收兵"来指挥战斗。其中"鸣金"的"金"就是指军队中用作信号发声器的钲。

蜿蜒交缠莲花灿

蟠虺（pán huǐ）纹盨（xǔ）

春秋

高16.8cm　口长径33cm　口短径21cm

安徽阜阳太和胡窑出土

　　盨的用途与簋（guǐ）相同，也是盛放煮熟的黍（shǔ）、稷（jì）、稻、粱等饭食的器具。西周中期出现，流行于西周晚期，至春秋早期已经罕见。

　　"蟠虺纹"又称"蛇纹"，在春秋战国时期盛行，是青铜器纹饰之一。以蟠屈的小蛇（虺）的形象，构成几何图形。

　　此盨作圆角长方形，盖顶有四镂空莲瓣形捉手，器身器盖皆饰交缠细密的蟠虺纹，整体造型灵动，纹饰繁缛（rù）精细，是同时期不可多得的精品。

安徽文明史陈列

小兽陪伴君非凡

兽首鼎

春秋
高27cm　口径20cm　腹围69.2cm
安徽六安舒城五里出土

兽首鼎形似古代祭祀时使用的牺牲，故又名牺鼎，是祭祀时使用的青铜礼器。此鼎全器作动物造型，器型小巧，体态憨厚，兽首与器身连铸——前端兽首突出，双角耸立，双目圆睁，腹部饰一周蟠虺（pán huǐ）纹，腹前两侧各饰一蟠龙纹，角饰雷纹。

兽首鼎出土于春秋时期群舒活动的区域，为群舒代表性器物，体现了中原、东夷的交流融合。一座墓葬只随葬一件，一般等级墓葬没有出土。由此可知，兽首鼎非一般贵族所使用，反映出器主在当地有着很高的社会地位，很可能就是这些小国的君主。

小知识：群舒

群舒是诸多偃（yǎn）姓小国的统称，源于古老的皋（gāo）陶部落，春秋时期始见于文献记载。春秋时期分布在今安徽省淮河以南、长江以北，东达巢湖，西至大别山的区域内，以今舒城、庐江为中心，见于记载的有舒、舒蓼、舒庸、舒鸠（jiū）、巢、宗、桐等。

春秋时群舒所在的江淮地区是吴、楚两国争霸的主要战场，群舒夹在两国之间，举步维艰，后被楚国灭亡。

群舒青铜文化源于中原文化，在长期发展过程中不断吸收创造，至春秋时期形成了新颖独特的区域风格，地方特征显著。

回首顾盼探深浅

龙柄盉（hé）

春秋
高26.6cm　口径14.4cm　腹围47.2cm
安徽巢湖庐江泥河出土

　　盉，古代酒器，多为圆口，腹部较大，三足或四足，用以温酒，也调和酒水的浓淡，盛行于中国商代后期和西周初期。

　　这件龙柄盉，属于"甗（yǎn）形盉"。

　　甗形盉，一般上部为盆或钵（bō），下部为空足分裆鬲（lì），鬲腹部设一流一鋬（pàn），鋬向上卷曲，由于其主体造型与甗相似，所以称为"甗形盉"。

　　甗形盉是群舒青铜器的代表器物之一，主要见于群舒故地与皖南沿江地区，河南、浙江也有少量出土。

　　此盉向上卷曲的长鋬，顶端作龙首，吻部突出，探视盉中，龙首以圆点纹装饰，为点睛之笔，更显生动有趣，极具地方特色。

安徽文明史陈列　045

钟的各部位名称：衡、甬（yǒng）、旋、干、舞、钲（zhēng）、枚、篆、鼓、铣（xiǎn）

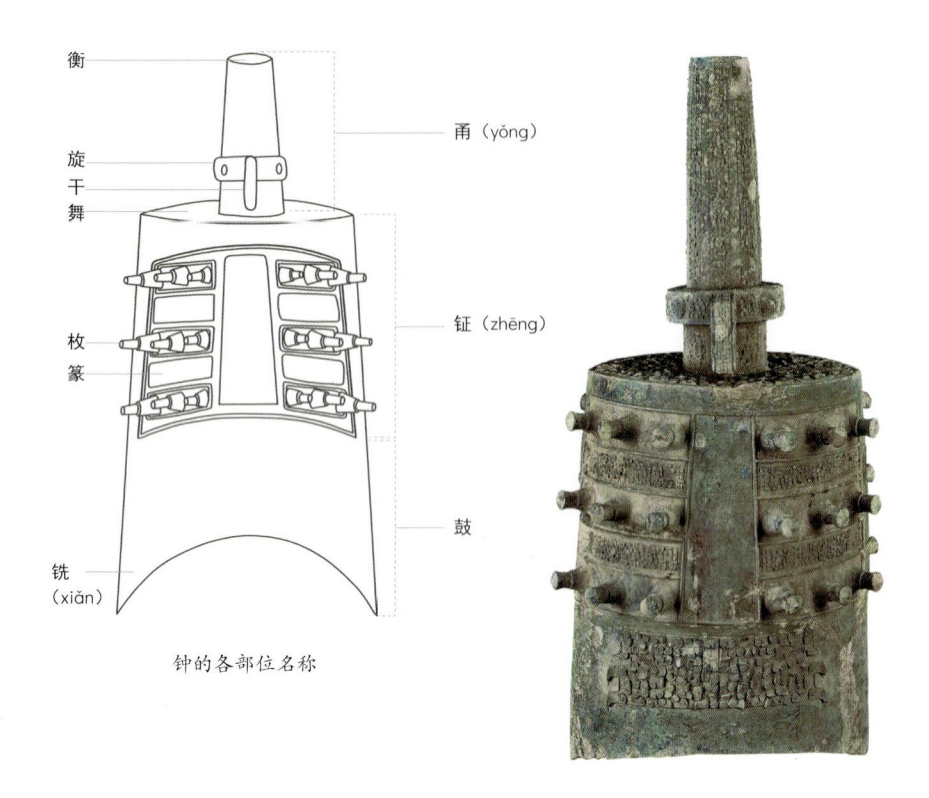

高贵身份钟声伴

甬钟

春秋
高100.5cm　铣间43cm
安徽六安舒城九里墩出土

　　钟是古代贵族用于祭祀和宴飨（xiǎng）的乐器，也是商周礼乐制度的重要组成部分。商周时青铜钟基本都是合瓦形，常以形制相同、大小相次的若干件组成编钟。九里墩春秋墓共出土甬钟四件，除大小相异外，形制完全相同。

　　此钟形体巨大，造型规整，制作精细，反映出九里墩大墓墓主高贵的身份。

稻黍重器属钟离

钟离君柏簠（fǔ）

春秋

长30cm　高20.5cm

安徽蚌埠双墩1号墓出土

　　钟离国是淮夷部族的一个小国，国都位于今凤阳临淮关附近。春秋以后，淮夷势力逐步瓦解，春秋晚期，钟离国成为吴楚争夺的焦点之一。公元前518年，吴灭钟离。

　　此簠器型较大，形制规整，满饰花纹，内底铭文表明了作器者是钟离国的国君柏。这对于揭示蚌埠双墩1号墓的年代和墓主身份起到了十分重要的作用。

　　簠是中国古代祭祀和宴飨（xiǎng）时，盛放黍（shǔ）、稷（jì）、粱、稻等饭食的方形器具。

小知识：钟离国君墓

　　2006年、2007年分别在蚌埠淮上区双墩村、凤阳临淮关镇卞庄发现的春秋时期钟离国墓葬，墓葬形制为圆形，在我国考古史上实属罕见。

　　两座墓葬出土的青铜器上均有"童麗（钟离）"铭文。蚌埠双墩1号墓墓主为钟离国国君柏，卞庄墓主为钟离国国君柏的儿子康。这两座墓葬揭开了钟离古国的神秘面纱，填补了有关钟离国历史研究的空白。

安徽文明史陈列

龙蟠兽踞盛美酒

镂空龙耳罍（léi）

春秋

高45cm 口径42cm

安徽蚌埠双墩1号墓出土

　　罍是大型盛酒器。此器大量运用镂空装饰，器盖上部外翻，饰镂空蟠虺（pán huǐ）纹。肩部装有四个镂空龙形附耳，底部有三个镂空矮兽足。腹部圆鼓，饰凸起的圆圈纹，其上很可能原有镶嵌物。在上腹一侧，还有用贝壳组成的纹饰点缀。此器装饰繁复精美，形制特别，铸造精湛，极其难得。

乐音声歇公子地

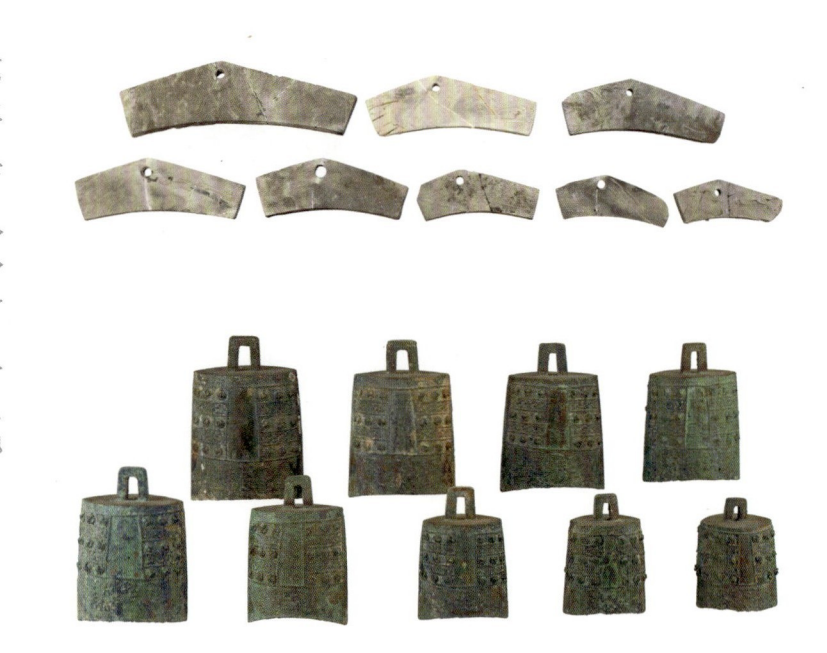

编磬（qìng）／蟠螭（pán chī）纹钮钟

春秋
编磬，最大长59cm　宽11.2cm　最小长25cm　宽6.5cm
钮钟，最高18.1cm　铣（xiǎn）间13.3cm　最小高9.9cm　铣间7.7cm
安徽滁州凤阳卞庄1号墓出土

　　磬是一种石制的打击乐器。磬在新石器时代已经出现，多为一件，且形制不甚规整，声音高低没有规整，称为"特磬"。至商代，磬的形制逐渐规整，表面光滑，声音高低可以调试，出现成组的编磬。至西周时期，编磬发展逐渐成熟，成为礼乐制度的重要组成部分。

　　钮钟，金属类击奏乐器，为编钟的一种类型。

　　此套编磬共八件、钮钟共九件，形制相同，大小依次递减，皆出土于钟离国国君柏的儿子康的墓葬中。

龙吟虎啸振军威

龙虎四环铜鼓座

春秋
高29cm 直径80cm
安徽六安舒城九里墩出土

  鼓是用于战争、祭祀乐舞等活动的乐器。鼓座，就是承载鼓的座架。

  这件鼓座整体为圆圈型，上沿四周运用高浮雕的手法塑有怒吼的猛虎与独角翘立的游龙，造型奇特，气势雄浑。沿圈外侧的上下各有一周铭文，共150字，因锈蚀严重不能完全释读。从铭文看，此鼓座为钟离公鲛自用之器，自名凫（fú）鼓，为建鼓的一种。

  建鼓在古代常用于战争、祭祀、娱乐等场合，一般由鼓座、楹（yíng）杆和形体硕大的鼓体三部分组成，楹杆上部还有旌旗或羽毛之类的装饰物，由两个鼓手相对敲击。

  此鼓座出土于群舒故地的春秋墓，墓葬中同时有蔡、楚等国器物，反映了春秋晚期江淮地区楚、蔡、舒、吴、钟离之间的关系，为研究这一时期的历史提供了珍贵的资料。

束腰侯鼎见楚风

蔡侯升鼎

春秋
高45.8cm　口径46.1cm　底径43cm
安徽寿县蔡侯墓出土

　　鼎腹部束腰，平底，立耳外撇，自名为"鼎"。这种束腰平底鼎是楚文化礼制中最具代表性的器物，一般仅见于楚文化的贵族墓中，有学者推测此鼎束腰的造型很可能与楚人以细腰为美的习俗有关。

　　蔡侯墓出土升鼎7件，其中几件腹内有铭文两行六字，表明器主为蔡侯申。升鼎见于蔡侯墓，足可见此时蔡国受楚文化影响至深。

天子式微乱规矩

蔡侯簋（guǐ）

春秋
高37.2cm　口径24cm　座宽23.7cm
安徽寿县蔡侯墓出土

此簋虽然沿袭了中原地区方座簋的形制，但盖握呈莲瓣形，整体风格更显清新灵秀。盖内及器腹内壁皆有铭文两行六字，证明是蔡侯申之器。在商周礼制中，只有天子才可以使用九鼎八簋的配置，而蔡侯墓却出土了八件铜簋，显然与商周礼制不合，表明至春秋时期，天子式微，而诸侯权重，僭（jiàn）越现象十分严重。

蔡侯方壶

春秋
高80.3cm　口长径18.6cm　腹围106.8cm
安徽寿县蔡侯墓出土

　　壶是大型盛酒器，在先秦时期的祭祀宴飨（xiǎng）中被大量使用。此方壶在蔡侯墓中出土两件，颈内有铭文标明了器主与器名。

　　蔡侯方壶颈瘦长，颈与腹分段，腹部作十字分栏，大兽耳，具有明显的楚器风格。盖捉呈八瓣镂空莲瓣状，与河南新郑出土的莲鹤方壶相似。蔡国本是西周初年分封的诸侯国之一，随着楚国的崛起，春秋中期完全成了楚国的附属。

　　蔡侯方壶体形高大，设计灵动，整体优雅端庄，融合了中原和楚文化的要素，印证了文献关于蔡国历史演进的记载。

大器依旧念中原

冬暖夏凉酒醇香

蔡侯方尊缶（fǒu）／蔡侯方鉴

春秋

缶，高34.8cm　口径13.3cm　底径23.5cm　腹围92cm

鉴，高28.3cm　口径38cm

安徽寿县蔡侯墓出土

　　盛酒器尊缶和水器鉴组合配套使用。目前仅在安徽寿县蔡侯墓与湖北随县曾侯乙墓中发现。蔡侯墓出土方鉴缶、圆鉴缶各两套；曾侯乙墓出土方鉴缶两套。

　　使用时，将尊缶置于鉴内，鉴腹内壁的四环正好可以与缶腹部的四环相连。鉴内夏天可以盛放冰块，冬天或可盛放热水，这样，在炎热的夏天可以喝到清凉的美酒，在寒冷的冬天则可以享受温热的甘醇。

　　此套鉴缶腹部皆满饰嵌红铜花纹，构思精巧，美观大方。

蔡侯盥（guàn）缶（fǒu）

春秋
高35.2cm　口径20.9cm　腹围115.5cm
安徽寿县蔡侯墓出土

　　盥缶亦为楚文化的青铜器。春秋时期，贵族各阶层依然盛行商周以来的沃盥礼。盥缶与盘和匜（yí）相配套使用，主要用于盛水，所以容量要比盘和匜大得多，有些盥缶出土时，经常会附勺一个，用来挹（yì）注。

　　蔡侯墓中出土的两件盥缶形制相同，而大小稍有差别，器身及器盖原皆有嵌红铜纹饰。较大的一件口内沿有铭文一行十字，现藏中国国家博物馆；较小的这件盖内及口外沿均有铭文一行六字，铭文为"蔡侯绅之盥缶"。

奉匜沃盥商周礼

如歌行板蔡侯赏

蔡侯钮钟

春秋

高28cm 铣（xiǎn）间17cm

安徽寿县蔡侯墓出土

  蔡侯钮钟共出土九件，大小相次，为编钟。其中五件铭文较长，自名"歌钟"，另外四件自名"行钟"。

  铭文中蔡侯对楚王十分恭敬，自称"末小子"，时刻不敢忘记虔诚侍奉楚王，并勤勉治理自己的国家。同时出土的还有蔡侯编镈（bó），一套八件，铭文与蔡侯歌钟相同。

吴王光鉴

春秋
高37.7cm　口径60cm　底径33cm　腹围186.2cm
安徽寿县蔡侯墓出土

吴蔡联姻遂成盟

　　此鉴是吴王光为其女叔姬寺吁（xū）出嫁蔡昭侯所做的陪嫁器，自铭"荐鉴"。器腹内壁有铭文8列52字，铭文大意是：五月的一个吉日，吴王光选用上等铜、铅、锡，为叔姬寺吁铸造了宗庙祭祀用的铜鉴，但愿叔姬能虔诚敬奉祖先，子子孙孙都不要忘记啊！

　　根据文献记载，春秋末期，吴楚相伐，作为楚国附属和长期盟友的蔡国在蔡昭侯时因不甘屈辱转而投靠吴国，吴蔡同盟建立。吴王光鉴的出土印证了史书的记载，反映出吴、蔡两国通过联姻来加强同盟关系，对于研究春秋时期诸侯国关系具有极其重要的价值。

　　鉴，水器，可以照影做镜面，大者能当澡盆。

　　此鉴为圆腹、平底，颈腹部对置兽耳衔环，造型古朴简洁，器表满饰蟠虺（pán huǐ）纹，腹部纹饰纤细繁缛，纹样精美大方。此鉴出土时，里面还放置一个铜尊缶（fǒu），组成鉴缶。鉴缶是楚国特有的青铜礼器组合，尊缶内盛酒，鉴内夏天可盛放冰块，冬天可盛放热水，起到冰酒或温酒的作用。

安徽文明史陈列

腾鸟飞虫映寒光

蔡侯产剑

战国

残长59.5cm　宽4.8cm

安徽淮南蔡家岗2号墓出土

　　蔡家岗2号墓共出土蔡侯产剑三把，此剑有错金鸟篆铭文六字"蔡侯产之用剑"。蔡侯产是寿县蔡侯墓墓主蔡昭侯申的孙子，公元前471至公元前457年为蔡国国君。

　　错金银本身是一种装饰工艺，为了追求装饰美，铭文从此发生了变化，铭文的位置，从器内移于器表，并刻意进行经营。剑上的错金铭文，一般同此件一样在剑面上，个别错剑脊上。

　　鸟虫篆，是一种近于图案的文字，起源于长江中下游的吴越地区，流行于古代越、吴、楚、蔡等国。春秋战国时已出现，因其形与鸟、虫相似，故又称"鸟虫书"。文字线条、造型与鸟密不可分，有的将鸟的形体置于整个文字之上，有的则整个字形似鸟腾飞雀跃，整体相当优美，被誉为"中国最早的美术字"。

从此三棱有正名

蟠虺（pán huǐ）纹殳（shū）

战国

高14.7cm 銎（qióng）径4.3cm

安徽淮南蔡家岗2号墓出土

  殳是先秦时期的兵器。因殳头作三棱矛形，所以在曾侯乙墓铜殳未出土时，此器常被称为"三棱矛"。而在曾侯乙墓出土了带有自名的八件铜殳后，方知这种兵器名为"殳"。

  殳头下装有积竹长柲（bì）。殳柲制作方法为，用若干根竹条包裹住木柲，形成八棱形，再用宽丝线缠绕固定，外表先髹（xiū）黑漆再髹红漆或直接髹红漆，这种工艺处理方式既增强了殳柲的韧性，又保持了殳柲的美观。

  迄今为止，殳大多出于楚文化范围内，且仅见于等级较高的墓葬，表明使用者的身份地位，仪仗性质较强。

安徽文明史陈列

吴王光剑

春秋
残长54cm 宽4.8cm
安徽巢湖庐江汤池岗村出土

"吴越擅冶，无出其右。"春秋战国时期，吴越地区青铜剑以其材美、工巧名扬天下，《周礼·考工记》将"郑之刀、宋之斤、鲁之削、吴粤（越）之剑"并称为当时天下最精良的工具和兵器。

吴王光，即吴王阖（hé）闾（公元前514至公元前496年在位）。公元前506年以伍子胥、孙武之谋，合唐、蔡之兵大败楚军并攻破郢（yǐng）都，名扬于诸侯。春秋五霸之一。

此剑保存基本完好，出土时剑身毫无锈蚀，剑光凛冽，十分锋利，只是剑首处的绿松石脱落了。剑身近格处铸有"攻敔（yǔ）王光自作用剑，趋余以至，克肇（zhào）多攻"两列16字铭文，是吴王光剑中铭文最长的，大意是："这是吴王光给自己铸造的剑，所到之处，占地无数，战功赫赫。"体现出吴国军队战胜敌人的冲天霸气。

寒光凛凛战功赫

公卣（yǒu）

西周
高22.3cm　腹围53.5cm
安徽黄山屯溪弈棋机场3号墓出土

　　古代盛酒器，文献中曾经出现"秬鬯（jù chàng）二卣"等语句，说明卣是专门用于盛放秬鬯的。秬鬯即是古代的一种香酒，用来祭祀降神及赏赐有功的功臣。

　　卣在商代及西周时期比较盛行。此卣盖内和器底皆有十字铭文"公作宝尊彝，其孙子永用"，表明此器作者的名字为"公"。

　　此器下腹倾垂，盖及腹部均饰双回首凤鸟纹，凤鸟顾首而立，羽冠华美，相互交缠，具有典型的中原地区西周卣的特征，与同墓出土的其他吴越青铜器型成鲜明的对比。

公作宝器传子孙

云凤共舞呈交融

凤纹方鼎

西周

长17.4cm　口长28.5cm　口宽26cm　底长25cm　底宽21.4cm

安徽黄山屯溪弈棋机场3号墓出土

方鼎盛行于商代晚期到西周早期，西周中期以后中原地区少见。

这件方鼎腹部所饰凤鸟纹，极具中原地区西周早中期之交的风格。同时，这件方鼎足极低，扉棱作吴越式云纹等，均说明此鼎在吸取中原文化因素的基础上，巧妙地将当地文化因素融入，成为中原文化与吴越文化合璧的典范。

> **小知识：吴越**
>
> 　　商代末期，周太王古公亶（dǎn）父的长子太伯、次子仲雍在长江下游地区建立了一个姬姓国家，国号"勾吴"，简称吴。春秋时期，吴国开始崛起，公元前473年，越灭吴，尽取吴地。皖南地区基本属于吴越，先民们在这里生活、采矿、炼铜，创造了长江下游独树一帜的青铜文明。

越地巧工镂云纹

镂空龙纹盘

春秋
高9.8cm　口径32cm　足径19.7cm
安徽黄山屯溪弈棋机场3号墓出土

此盘内底饰龙纹，腹部饰一周镂空云纹（中原地区内底饰龙纹的盘，周围多绕鱼纹），双耳外侧饰兽面纹，两耳之间还饰有云纹扉棱。其铸造工艺精致奇巧，显示了先民的聪明智慧。

兽插双翼心所向

编织纹簋（guǐ）

春秋
高18.8cm　口径27.2cm　腹围110cm
安徽黄山屯溪弈棋机场3号墓出土

此簋器壁单薄，体量较大，纹饰层次丰富，与中原地区青铜器风格迥异，应为吴越地区极具特色的青铜器。器型虽与中原地区的簋类似，但是腹部却极宽扁低矮，其腹部所饰编织纹多见于南方青铜器。

该簋的特色之处，还在于上层几何编织纹的中部装饰有变形兽纹，以方格乳钉纹为地，兽面两侧似作宽大伸张的两翼。这种纹饰在其他地方并不多见，却屡屡出现在屯溪诸器之上，有学者认为应是当地部族类似于图腾的崇拜物。

安徽文明史陈列　063

鸟钮盖盉（hé）

春秋
高26.4cm　口径14.4cm　腹围68.6cm
安徽铜陵出土

　　提梁盉分布区域较广，总体来说北方盉器腹以弦纹作装饰，提梁和流也比较朴素；南方楚式器纹饰繁复，往往在提梁、流口、鋬（pàn）、足根部有精美的装饰，全器美观华丽。

　　此鸟钮盖盉器型清秀精巧，肩上无提梁，其功用以腹部两侧设粗壮的环耳代之，保留有鼎的形式，这种造型在同类中尚不多见。盖顶立鸟和环耳外侧的装饰手法都具有南方越文化的因素，地方特色明显。

三足神鸟负琼浆

云纹五柱器

西周
高31.2cm　底长21.3cm　底宽20cm
安徽黄山屯溪弈棋机场1号墓出土

　　此器物造型奇特：器上竖五柱，等高，间距亦相同。方座为中空，四壁微鼓，委角（wō jiǎo）。长方形扁脊的两侧和方座四壁，均饰双钩云纹。它的外表，就像现在的路由器，又像一件乐器。在考古学家眼里，它也是一件神秘的青铜器。此种器型，不见于诸家著录，用途待考。

五柱"路由"千古谜

楚辉照耀

春秋中期以后，楚国的势力扩张到江淮地区，楚庄王时，楚国令尹孙叔敖主持修建了我国现存最早的蓄水灌溉工程——芍陂（què bēi）。芍陂的修建使淮水南岸广阔地区成为沃野。楚国国力雄厚，商业经济发达，有较为完备的货币制度，及四通八达的商贸路线，为楚国争霸打下了坚实的经济基础。

春秋晚期到战国，安徽境内方国皆被灭，统一于楚。战国末期，楚国迁都寿春。辉煌灿烂的楚文化为安徽青铜时代的落幕，写下了浓墨重彩的华章。

郢爯（yǐng chēng）

战国
长4.5cm 宽4cm

楚国商业经济发达，货币制度较为完善，货币流通频繁。

郢爯是春秋战国时期楚国的流通货币，是我国古代最早的黄金铸币。郢，楚国都城所在，表示发行地。爯，是称量之意。郢爯是研究楚国的铸币政策、货币制度的重要资料。

完整的金版多呈龟版状，正面钤（qián）有"郢爯""陈爯"等字样，其中以"郢爯"金版发现的数量最多。每块金版印记数量不等，使用时根据需要将金版切割成小块，用天平称量后支付。

楚地繁华铸金币

舟车往来金节定

车节　　　　舟节

鄂君启金节

战国
车节，长 29.6cm　宽 7.2cm
舟节，长 31cm　宽 7.3cm
安徽淮南寿县邱家花园出土
安徽亳（bó）州蒙城县出土

这是战国中期楚王颁发给鄂君启运输商品的免税通行证，也是迄今为止中国发现最早的"护照"。"鄂"是地名，"启"是鄂君之名，"金节"是自名。金节表面有错金铭文，车节148字，舟节164字。

在古代，节是一种信物。古人将有节的竹子一剖为二，各执一件，以此为信。

从金节铭文中可知此节当铸于楚怀王六年，即公元前323年。金节所载的通行路线分别为自鄂至郢（yǐng）的水陆路线。舟节规定鄂君启使用的船数量、一年往返一次及行驶范围；车节规定运输用车数量限额、涉及范围，且同样限制每年只能往返一次。节文中还规定载运牛、马和有关折算的办法以及禁止运输铜和皮革等。

鄂君启节为青铜铸造，铭文为篆书，书体端庄辉煌，在春秋战国铜器铭文中别具一格。工艺采用的"金银错"技术，极难仿制。

目前金节一共出土五件，其中三件在安徽博物院，其他两件则到了国家博物馆。作为商贸流通过程中的重要凭证，鄂君启金节为研究先秦符节制度、交通、税收以及楚国的封君制度提供了重要的实物资料。

龙凤相伴乐未央

玉龙凤纹佩

战国
长20.9cm　宽12cm　厚0.95cm
安徽淮南杨公乡楚墓出土

　　龙形佩是春秋战国时期最具特色的玉饰品，战国晚期组佩中还出现了玉璧部件。"君子无故，玉不去身"，当时贵族们喜好佩戴成组的玉佩，因为玉有坚硬、润泽、纯净、美观等属性，是人的美好品德的象征。
　　此佩玉料青白色，温润有光泽，局部有黄褐色沁斑，通体镂空，作盘曲的龙形。器以龙纹为主体纹饰，其颈部左右及尾部共雕琢有三只凤鸟为辅助纹饰。龙独角，张口，昂首挺胸作回首状，龙身窄长，呈连续S形，蜿蜒曲折，作飞腾状。腹部上拱，中间有穿孔用于悬挂在组佩正中。凤身与龙尾相接，凤回首，翘尾。
　　佩的两面纹饰相同，系成组玉佩中的一件，另有一件与之形制相近。出土时，此二器置于墓主盆骨两侧，另外尚有一玉璧置于墓主胸部，有二玉璧分置于墓主双膝盖处，共五件构成一组，十分华丽。

匜鼎雄壮映楚魂

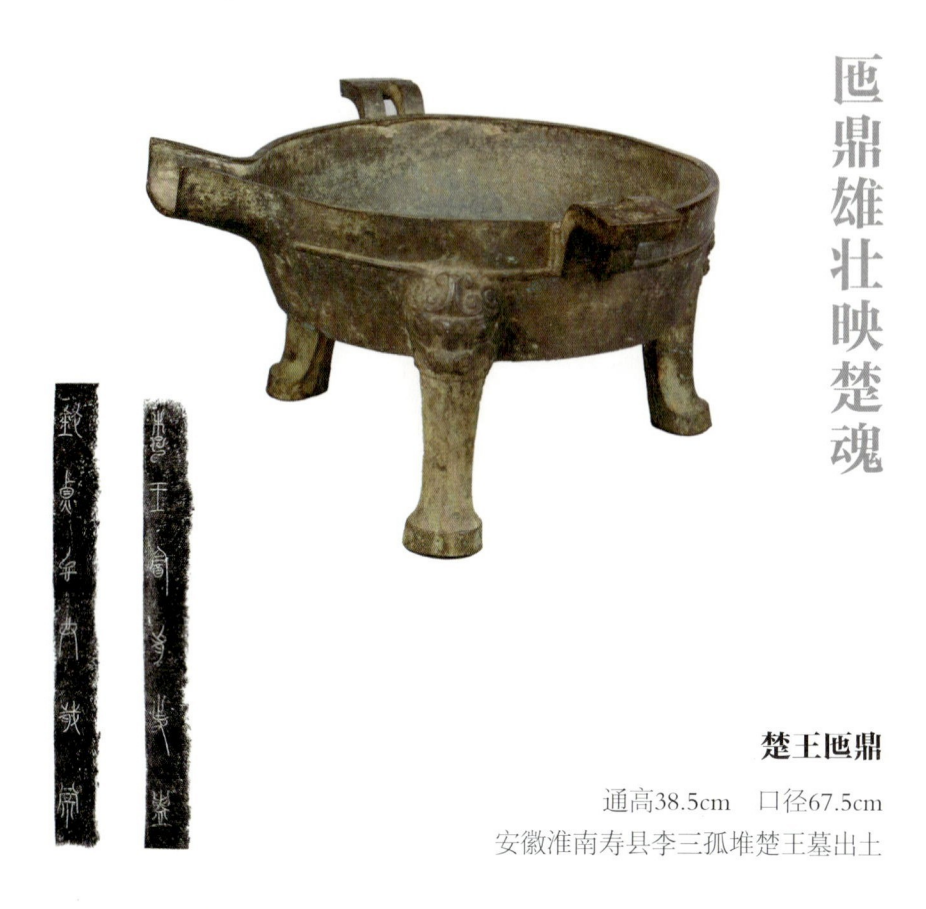

楚王匜鼎

通高38.5cm　口径67.5cm

安徽淮南寿县李三孤堆楚王墓出土

形制与鼎相似，因腹部一侧伸出一流，称为匜鼎，其口沿外壁有铭文"楚王酓肯作铸匜鼎，以供岁尝"，此匜鼎为楚王在秋天进行祭祀活动时的专用重器。酓肯即楚考烈王熊元，是楚幽王熊悍的父亲，于公元前241年将楚国都城迁至寿春。

> **小知识：李三孤堆楚王墓**
>
> 1933年发现的寿县李三孤堆楚王墓（今属淮南市），共出土文物四千余件，墓主为楚幽王熊悍。墓葬经两次盗掘，文物散落世界各地，以安徽博物院收藏最多，约六、七百件；出土文物以青铜器为主，种类丰富，器形繁多，铸造精良，是战国晚期楚式青铜器的代表。

安邦大鼎可煮牛

铸客大鼎

战国

高113cm　口径87cm　腹围284cm

安徽淮南寿县李三孤堆楚王墓出土

　　此鼎是战国后期楚国青铜饪（rèn）食器。圆口方唇，鼓腹圆底，三蹄足。颈侧附双耳，耳上部略外展。鼎腹饰一周突起圆箍，双耳及颈部外壁饰有模印菱形几何纹，足根部饰有浮雕旋涡纹。

　　鼎口平沿处刻12字铭文，开头为"铸客"两字，所以根据惯例这件铜鼎就以"铸客"命名，又因此鼎在数千件楚器中最为雄伟，所以又被称为楚大鼎。

　　鼎的前足和腹下均刻有"安邦"二字，是当时常用的吉语。左腹外壁近底处还有极细的刻文两字。有释"铸客"是从其他诸侯国请来的工匠，而非本国的工匠，李三孤堆楚王墓中出土有此类刻铭的器物很多。

　　此鼎出土于淮南寿县。公元前241年，楚国将都城东迁至寿春（今安徽寿县），寿县的朱家集附近就是楚王及贵族的集中葬地。

　　2014年12月13日，为纪念南京大屠杀死难同胞，在侵华日军南京大屠杀遇难同胞纪念馆永久设立的国家公祭鼎，就是以铸客大鼎为原型，等比例放大铸造。

安徽文明史陈列　069

夜炉炭火映月明

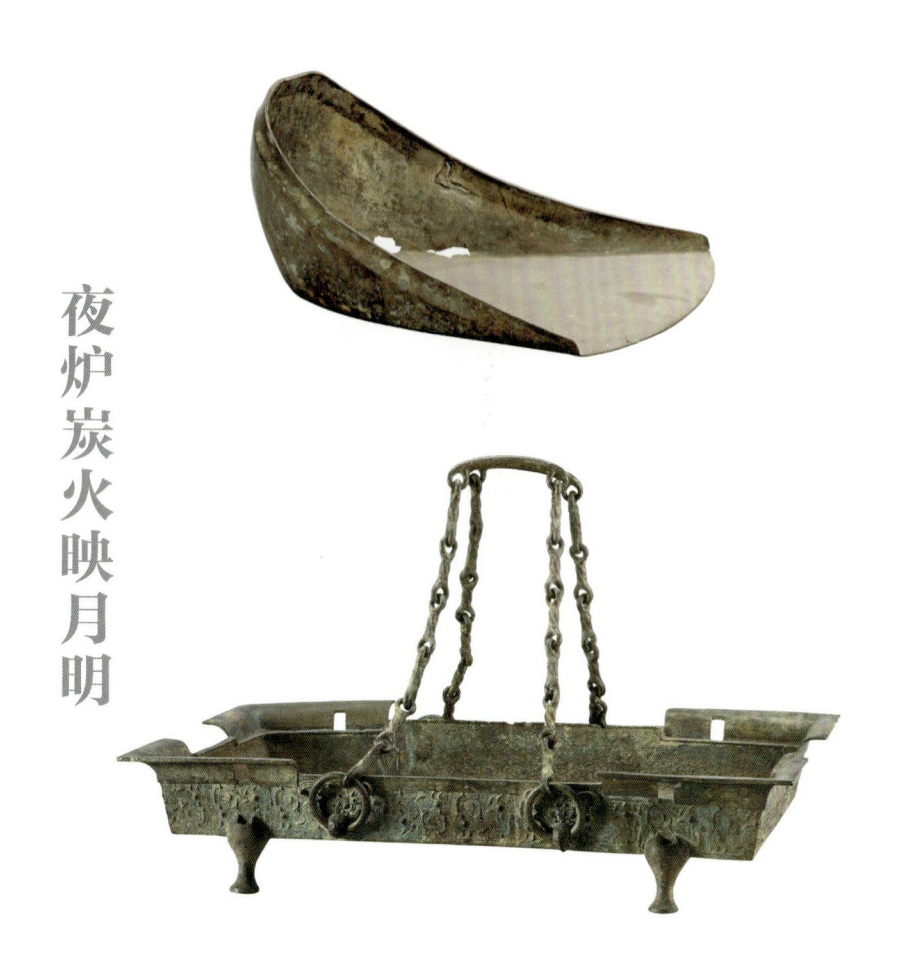

铸客炭箕（jī）／环梁方炉

炭箕，高13.7cm　口宽27.4cm　底长26.7cm
方炉，高11.8cm　长60cm　宽32.6cm
安徽淮南寿县李三孤堆楚王墓出土

　　炉有方形和圆形两种，东周时期较为流行，自名为"炉盘""炉"等，功能主要为烧火取暖和炙烤食物。
　　炭箕常与铜炉配合使用，用来盛放需要使用的木炭。此件炭箕的珍贵之处在于，其侧后壁有铭文7字"铸客为迅室为之"。

楚鹰雄风瞰天下

展翅攫（jué）蛇鹰

战国

高17cm　身长24.7cm　两翅宽11.5cm　底座长15.9cm　底座宽11.5cm

安徽淮南寿县李三孤堆楚王墓出土

　　此件青铜器生动写实，展现鹰攫取蛇后腾空而起的瞬间，双头蛇象征狞恶怪异的不祥之物，展翅昂扬的鹰代表强大的正义力量，鹰蛇相搏，象征征服凶险。墓中随葬此物，可能被当作辟邪压胜、逢凶化吉之神物。鸟蛇相斗的题材，战国时较为多见。

　　也有研究者认为，蛇为南方常见动物，代表着越国势力。楚怀王时楚国军队大败越国军队，并约在公元前306年灭了越国，势力东及安徽、江苏及浙江北部，消除了北上中原的后顾之忧，此攫蛇鹰当是对这一事件的纪念。

安徽文明史陈列　071

第三部分

王侯风流 曹操雄略
——汉魏晋时期的安徽

　　公元前209年，陈胜、吴广在蕲县大泽乡（今属宿州市）揭竿而起，掀开了中国历史上第一次农民起义的序幕。刘邦、项羽楚汉战争的结束，标志着泱泱大汉王朝四百年基业的建立。六安王刘庆墓"黄肠题凑"及王陵区的发现，揭开了西汉六安国的神秘面纱。阜阳汝阴侯墓出土的天文仪器代表了汉代天文学的最高水平。华美的青铜器、玉器、漆器展示了汉代令人叹为观止的工艺水平。东汉末年，谯（qiáo）沛故地孕育了一代政治家、军事家、文学家曹操。曹氏宗族墓地、东吴大将朱然墓等历史遗迹，生动反映了三国时期的社会生活。南北朝时期，安徽经济得到恢复发展，为隋唐宋时期的经济文化繁荣打下了基础。刘安主持编撰的《淮南子》、以曹氏父子和建安七子为代表人物的建安文学成为中国历史上流芳百世的文化遗产。

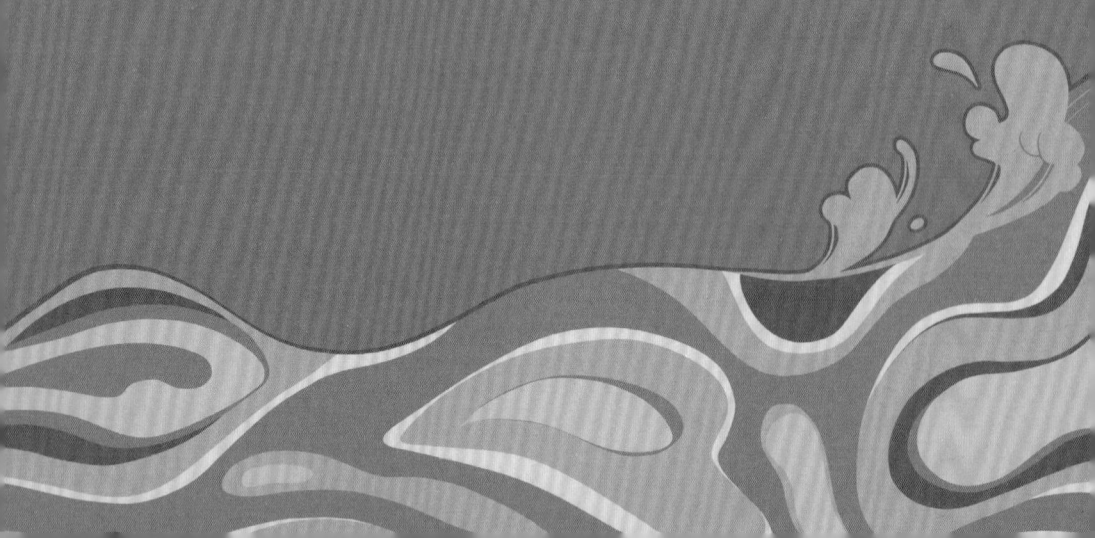

汉晋风情

　　汉代安徽，经济繁荣，文化昌盛。恢宏巨著《淮南子》成为影响中华民族几千年精神文化的珍贵遗产；阜阳汝阴侯墓出土的二十八宿星盘、圭表等天文仪器是我国科技考古的重要发现；神医华佗首创手术外科，发明麻醉剂"麻沸散"，精通针灸医术，编创医学体操五禽戏；合肥、六安、巢湖、天长等地出土的精美玉器、彩绘漆器和青铜器具有高度的工艺与艺术价值。

　　两汉至南北朝时期，江淮大地的地主庄园经济和自耕农经济十分繁荣，家庭饲养业成为农业的重要补充，手工业、商业等辅助经济形式的地位也得到了显著提升。安徽地区出土的各类生活用器、陶塑家禽、建筑明器等，再现了汉晋时期达官显贵、平民百姓等不同阶层的生活场景，表现了古人"事死如事生，事亡如事存"的生死观念，深入反映了大庄园主生前富足的生活、显赫的社会与政治地位，也侧面说明了平民百姓生活的不易与艰辛。

大汉石羊显雄风

石羊

汉代
长104.5cm　宽51cm　高52.5cm
安徽淮北高窑皇后窑出土

　　石羊头部侧视，双耳自然下垂，前腿跪卧，后腿俯卧，安然自在，体态丰腴。作者运用循石造型的艺术手法，较多保留原石的形状和表面质感，稍作加工，取其意似，不做细致刻划，整尊石雕棱角冷峻，体魄矫健。

　　据历史资料记载，石羊在中国古代常被用作"石像生"，立于墓前神道边来体现墓主高贵的地位。除辟邪功能外，也有告诫墓主后代子孙要如羔羊跪乳、反哺行孝的意义。根据《明会典》的规定，五品以上的官员墓前才能设立"石像生"，且区别不同品级而设立。

　　"石像生"最早出现在汉代，唐宋有了严格的规制，兴盛于明代，逐渐消失于清末。

琼筵醉月飞羽觞

彩绘云鹤纹漆耳杯

汉代

长15.5cm　宽12.3cm　高5.5cm

安徽天长出土

　　漆器是我国古代重要的发明之一，器类繁多、工艺精湛，使用广泛。汉代漆器一般以黑、红（也称朱色）两色为主色，或髹（xiū）朱饰黑，或髹黑饰朱，彩绘纹饰与图案极富想象力，绚丽多彩。

　　耳杯，是中国古代的一种盛酒器具，出现于战国时期，汉代漆耳杯数量可观。因其形状像爵，两侧有耳，就像鸟的双翼，故名"羽觞"。此名一直延续使用至魏晋，后名称逐渐通俗化为"耳杯"。

　　耳杯作椭圆形，直口，弧形腹，假圈足，口沿两侧各置一个半月形（耳形）把手，把手上翘，便于人们双手执耳饮酒。

　　此耳杯为木质胎体，通体髹漆，杯内壁髹朱红色漆，外壁髹黑漆为地，口沿饰朱红色卷云纹、三角几何纹等纹样，腹部饰朱红色鹤鸟纹、圈纹等图案。整个图案线条流畅，疏密有度，红黑色彩对比醒目，具有汉代彩绘漆器的风格特征。

彩绘龙纹漆奁（lián）

汉代
高12.2cm　底径12.4cm　盖径13.4cm
安徽滁（chú）州出土

　　汉代漆器是实用和美观结合的古代工艺典范。它们造型独特、种类多样、纹饰优美，可以作为饮食器皿、梳妆盒、家具等。有的漆器上还会书写造器者或用器者的名字，就像现代的商标标识。

　　奁，可分食奁与妆奁，分别用于食物和梳妆用具的盛放。其造型多样，如长方形、方形、圆形、菱形、月牙形、马蹄形等。漆奁有单层、双层或多层之分，每层放置小漆盒，内置梳妆用品。内外髹漆彩绘，装饰漆画、贴金箔、嵌金银等。

　　战国、秦时的奁，绘画为简单的几何纹饰，到汉代又出现了故事、人物、场景的描摹，并运用了大量的镶嵌石料、金银箔的工艺技法，呈现出彩绘与多样材料交融的华美效果。

　　这件漆奁呈圆筒形，由器身、器盖和隔层三部分组成，通体髹漆。器身、器盖扣有数周银箍，盖顶部及隔层正面镶有银质柿蒂纹装饰。

漆光金影饰妆容

仙人兽灯腹中空

仙人骑兽灯

汉代

长12.7cm　宽11.2cm　高16.5cm

安徽合肥五里井出土

　　从商周时代开始，古人开始用豆脂来点灯，但那时还是以陶制灯具为主。战国以后，尤其是到了汉代，造灯技术有了突飞猛进的发展，无论是材质还是造型都达到了新的高度。

　　此件仙人骑兽灯，仙人骑于兽背，高鼻大耳，头顶放置峨冠作灯柱，右手擎火炬为灯管，左手托灯盘。座下神兽头生羊角，胁飞双翼，颔飘长须，张口垂舌，作行走状。

　　汉代青铜灯具造型多取自祥禽瑞兽的形象，如牛灯、羊灯、麒麟灯、雁鱼灯等，寄寓了汉代人祈求永恒幸福的美好愿望。

仙山缭绕一炉香

人形柱博山铜炉

汉代
高29.2cm　炉口径10.7cm　底盘径29cm
安徽宿州泗县大庄古墓出土

汉至魏晋南北朝时期，人们日常生活除了常见的陶瓷器、精美的漆器外，青铜用器也是不可或缺的。人们的衣食住行都可见到青铜器的影子，或大或小，或朴素无华或精美绝伦。

中华香文化，源远流长，如古籍记载："香之为用，从上古矣"。自萌芽时代开始，香就在祭祀与日常生活中使用。西周至春秋战国时期，生活用香所涉范畴扩大，香品被广泛用于辟邪、除秽、驱虫、疗疾等诸多领域。汉代张骞出使西域，丝绸之路随之开通，从域外带回诸多香料。熏香需要炭火烘烤挥发香气，于是出现了与之相适应的博山炉。

两汉时期十分盛行博山炉，博山炉由炉盖、炉身、承盘组成。其香炉镂空，炉盖似花瓣层层叠加，瓣间有孔，盖顶捉手立孔雀。

北宋徐兢记："博山炉，本汉器也。海中有山，名博山，形如莲花，故香炉取象。"

之所以两汉时期流行博山炉，一方面与当时社会盛行仙道思想有关，博山造型象征海上仙山；一方面与炉中燃烧的香料变化有关，域外进口的树脂类香料，其燃点较高，炉底要放置炭火用以引燃香料，故炉内空间要求加大，炉腹加深，炉盖加大。

仙山瑞兽映金文

多乳铭文镜

汉代
径18.8cm　缘厚0.8cm
安徽淮南寿县出土

　　此镜背面纹饰精美，饰样呈同心圆分布。圆上铭有诗文，外圈文"太山作竟（镜）真大巧，上有山（仙）人不知老，渴饮玉泉饥食枣"；内圈文"长寿如金石佳且好"。内圈字间缀有乳钉以作间隔。镜背正中有一凸起半球钮，镜缘饰有三角锯齿纹、草叶纹。纹饰之间，有瑞兽奔跑，羽人登仙，一派仙云缭绕，好不逍遥。

安徽文明史陈列

鸡犬相闻主不孤

绿釉陶狗

东汉

长23.5cm　宽10.7cm　高21.5cm

安徽阜阳太和出土

　　陶狗属于汉墓中常见的随葬明器。器体昂首直立，造型生动，全身施绿釉。

　　陶器出现于新石器时代，汉代以后流行陪葬日常生活用具模型如陶楼灶、井、仓、圈等。

　　汉唐时期出现了用于陪葬的彩绘陶、铅釉陶、彩色釉陶等陶塑制品，主要以人和动物的形象为主，如人全身像、人面、牛、猪、狗、鸡、羊、鹰、虎等。

腹中有水蛙不鸣

青釉蛙形盂（yú）

西晋

高4.6cm　口径2.3cm　底径4.5cm

安徽芜湖赭（zhě）山出土

　　蛙身呈扁圆形，背部有一管状进水孔。蛙眼暴突，嘴部上翘，四肢弯曲，蛙尾短小。施青釉，釉不及底，胎呈灰色。

　　以动物形态为器物造型，是我国魏晋时期常见的审美情趣之一，充分反映了古人观察与描述自然的能力。

青釉贴塑佛像网格纹盘口壶

东晋
高10.3cm　口径9.9cm　底径7.9cm
安徽巢湖柘皋（gāo）镇出土

　　此件青釉贴塑佛像网格纹盘口壶，盘形口，圆腹，平底，肩部没有常见的双系，而是四面贴塑佛像，佛像盘膝而坐，后有背光。

　　东晋时期，佛教盛行，人们日常生活中的很多方面都能看到佛教的元素，这件青釉贴塑佛像网格纹盘口壶就是典型例证。

　　这件盘口壶，器型规整，胎质坚实，纹饰独特，保存基本完整，是一件珍贵的东晋越窑青釉瓷器精品。

青瓷佛面晋盛行

六安王国

西汉初年，汉高祖刘邦剪除了在楚汉战争中分封的韩信、英布等七个异姓诸侯王，分封刘氏家族子弟为诸侯王。

公元前121年汉武帝取"六地平安，永不反叛"之意，置六安国，封共（恭）王刘庆为第一任六安国王。此后六安为六安国五代诸侯王封地，至王莽时结束，历时130多年。2006年，六安双墩发现了规模巨大的"黄肠题凑"葬制的1号大墓，墓主为共（恭）王刘庆。

玉璏（zhì）

西汉
长10.7cm 宽2.6cm 厚1.8cm
安徽六安双墩1号墓出土

雕花玉剑君子饰

玉璏，又称为玉剑璏，固定在剑鞘上，饰于剑鞘侧面，供穿系革带以连接腰间的饰物。《说文解字》："璏，剑鼻玉饰也。"

这件玉璏乳白色，细腻光润，完美无瑕。局部有浅黄色沁斑，平面作长方形，两端向下卷曲，中间有长方形的穿孔。面部采用镂空雕琢技术，雕琢两兽追逐厮搏，前兽回首，后兽咬住前兽的臀部，造型活泼生动。

错银铜壶

西汉
高45.8cm　径18.8cm　底径20.4cm
安徽六安双墩1号墓出土

六安双墩1号汉墓采用了汉代最高等级的葬制——"黄肠题凑",是一座规模巨大、结构完整的木椁墓,墓主人是西汉六安国首位诸侯王共(恭)王刘庆。

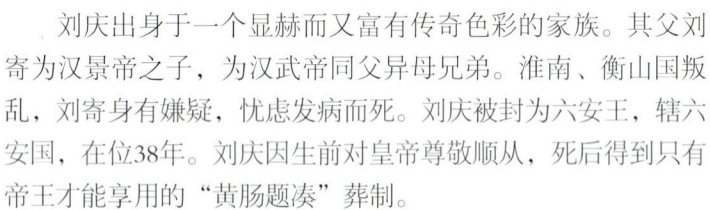

刘庆出身于一个显赫而又富有传奇色彩的家族。其父刘寄为汉景帝之子,为汉武帝同父异母兄弟。淮南、衡山国叛乱,刘寄身有嫌疑,忧虑发病而死。刘庆被封为六安王,辖六安国,在位38年。刘庆因生前对皇帝尊敬顺从,死后得到只有帝王才能享用的"黄肠题凑"葬制。

这件铜壶肩部有一对衔环铺首,纹饰采用错银技术,用银丝镶嵌把寓意吉祥如意的卷草纹嵌入铜胎内,工艺精绝,绮丽华美,展示了两千年前中国工匠在金属细工方面的卓越技艺。

王侯之家富贵乡

小知识:黄肠题凑

"黄肠"本谓柏木之心,柏木心黄,故称;"题凑"是一种葬式,始于上古,多见于周代和汉代,汉以后很少再用。

汉代时帝王陵寝椁室四周用柏木枋(fāng)(方形木)堆垒成的框形结构,等级最高,因此称"黄肠题凑"。

"黄肠题凑"一名最初见于《汉书·霍光传》中。根据汉代的礼制,黄肠题凑与梓(zǐ)宫、便房、外藏椁、金缕玉衣等同属帝王陵墓中的重要组成部分。经朝廷特赐,个别勋臣贵戚也可使用。

曹操家族

曹操(155—220年),字孟德,沛国谯(qiáo)郡〔今安徽亳(bó)州〕人,东汉末年政治家、军事家、文学家,史称魏武帝。政治军事方面,曹操消灭了众多割据势力,统一了中国北方大部分区域,并实行一系列恢复经济生产和社会秩序的政策,奠定了曹魏立国的基础。文学方面,曹操父子推动形成了以"三曹"(曹操、曹丕、曹植)为代表人物的建安文学,在中国古代文学史上留下了光辉的篇章。

曹氏家族墓地出土的珍贵文物为我们展示了曹操家族的历史和东汉社会的风貌。

手握财富享来生

玉猪

东汉
长9.9cm 高2cm
安徽亳（bó）州汪张村出土

　　玉猪是两汉时期丧葬用玉之一，多为玉握，成对出现，是握在死者手中象征财富的器物。六朝时期，玉猪多被滑石猪取代。

　　该玉猪雕琢技法为典型的"汉八刀"，是中国玉雕中十分有特色的技法之一，玉器每条线条平直有力，像用刀切出来的。秦汉时期，玉器制作一改纤巧繁细的作风，表现出雄浑博大、自然豪放的艺术风格。

银缕玉衣

东汉

长188cm　肩宽59cm　厚25cm

安徽亳州董园1号墓出土

　　这件银缕玉衣是曹操的父亲曹嵩（sōng）的殓服，由青色玉片和银丝缕织成人形，共用大小不等、四角有孔、形状不同的玉片2646块。

　　曹嵩，先后官居大司农、大鸿胪（lú）、太尉等。曹氏宗族墓群位于亳州市城南，包括曹四孤堆、董园、袁牌坊、刘园等，墓群面积达五平方公里。

　　玉衣又称"玉匣""玉押"，是汉代皇帝、诸侯王和达官显贵死后使用的殓服，分为金缕玉衣、银缕玉衣、铜缕玉衣、丝缕玉衣。据《后汉书·礼仪志下》记载，只有帝王死后穿金缕玉衣，而诸侯王、列侯、始封贵人、公主死去时只能穿银缕玉衣，一般的贵族和长公主只能穿铜缕玉衣。

　　古人认为，玉是山川之精英。用玉衣殓葬，是希望死者尸骨不朽。以玉衣作为殓服的制度，自西汉初年始，延续到东汉末年，至曹魏黄初三年（222年）废止。

银丝连玉作殓服

刻字古砖书法妙

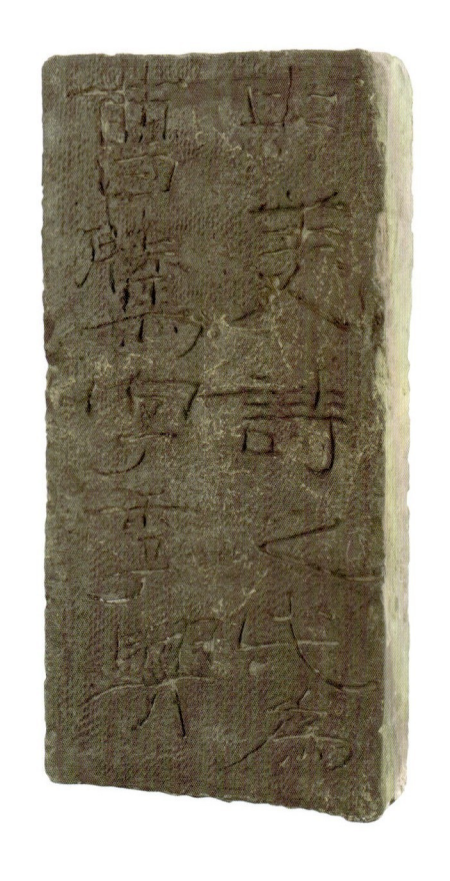

文字砖

东汉
长31.6cm 宽15.2cm 厚5.4cm
安徽亳（bó）州元宝坑1号墓出土

  元宝坑1号墓共出土字砖145块。砖上的文字是墓葬建筑工人在砖坯未干时用细棒刻写的。字大多刻在绳纹面上，部分刻在砖侧或横头上。文字砖形状有小型条状、中型条状和楔（xiē）形三种类型。字砖在墓内放置无固定位置。字体有篆、隶、行、草。

  这块文字砖的内容为："比美诗之此为曹腾字季兴"，曹腾为曹操祖父。

  曹氏宗族墓群还出土了几百块墓砖刻辞，这对研究当时的社会和书体演变等具有重要的历史、艺术价值。

汉画像石

　　汉画像石是汉代墓室、墓地祠堂、阙（què）等建筑物上雕刻画像的建筑构石。作为我国古代丧葬礼俗的一种特殊艺术形式，其内容再现了汉代社会经济、文化民俗风情，被称作"绣像的史书"。安徽省已发现的汉画像石多见于皖北，主要分布在淮北、濉（suī）溪、宿州、亳州等地。

东王父西王母汉画像石

东王父西王母汉画像石（图见上页）

东汉
东王父，长92.3cm　高97.5cm　厚15.8cm
西王母，长92.2cm　高98.8cm　厚16.4cm
安徽宿州褚兰镇宝光寺出土

　　汉代人创造的仙界中主要仙人是西王母和东王父，他们一般被安置在画像石墓、祠堂壁面或立柱的最高处，东西或左右对称。东王父与西王母分别端坐正中，两旁有仙人侍奉，还有三青鸟、九尾狐和蟾（chán）蜍等环立四周。玉兔不停捣制着长生不老之药。

　　东王父汉画像石：上层，东王父居中，左边有仙人、蟾蜍、牛头怪、羽人，右边有玉兔捣药、虎等。第二层是讲经图，第三层是主人出行图，第四层是庖厨图。

　　西王母汉画像石：上层，西王母居中，左边跪着羽人、鸡首怪、四头鸟，右边有龙、狐、虎头怪。第二层是长袖舞图，舞伎九人，面面相视。三、四两层以一架桥梁相隔，上层是车马过桥图，下层是捕鱼图。

　　多层并置的空间画面是汉画像石常见的一种表现形式，以二到五层居多，少数可达六到八层。多在最上层表现东王公、西王母及玉兔、蟾蜍等神仙题材，中层刻画圣贤、忠臣、孝子烈女等历史故事，以及车马出行、宴饮等礼仪场景，下层多表现战争或生产生活等场景，反映了汉代先民的社会生活和精神信仰。

极乐仙界似生平

车马出行图汉画像石

东汉
长137.6cm 高31cm 厚58.4cm
安徽宿州褚兰镇夏町村东汉建宁四年胡元壬墓出土

  这块车马出行图画像石位于祠堂的北壁。画像石描述车马出行的盛况，画像前端刻划一位伍伯和一位骑吏前导，伍伯左手执棒，右手持便面，骑吏背一棒，旁边伴随两只禽鸟，后面跟随三驾轩车两辆，双驾轺（yáo）车一辆。每辆车都有一位御马者和一位乘车者。轩车辕上龙首高昂。

  轺车，汉代最常见的一种车型，是一种四面敞露的轻车。轩车，汉代常见车型，车上有帷作屏障。

  汉画像石是记录汉代社会生活的"百科全书"，具有极其丰富的文化艺术信息，是汉代厚葬观的重要体现。

"绣像史书"传千年

车马出行图汉画像石

第四部分

河运通达 清名流芳
——隋唐宋元时期的安徽

公元六世纪末起,隋朝征发百万民工开凿以洛阳为中心,连接涿(zhuō)郡(今北京)、余杭(今杭州)的人工运河,后世称为"隋唐大运河"。隋唐两宋时期,大运河成为贯通南北的黄金水道,运河两岸集市林立,贸易兴盛,带动了沿线经济的发展。大运河的开通对加强南北经济文化交流,巩固国家统一,起到了重要作用。隋唐宋元时期,社会生产力显著提高,商品经济和手工业发展迅速。从出土文物看,瓷器是这一时期手工业生产之大宗,其烧造工艺及装饰手法不断创新且日臻完善。全国各地名窑林立,产量巨大,满足国内消费需求的同时远销域外。以寿州窑、繁昌窑、萧窑等为代表的安徽地方窑口,兼收并蓄,在生产技术、器型装饰等方面呈现了融冶南北于一处的历史风貌。

这一时期,金银器的品类和功能日趋生活化,官、私金银作坊齐头并进,制作工艺精良,品类形制更为丰富。多种文化的融合使得严谨与活泼、粗犷与细腻等不同风格的金银器交相辉映、璀璨夺目。

北宋名臣包拯,庐州合肥(今安徽合肥肥东)人,清正廉洁、刚正不阿,受到世人的称颂。他的事迹广为流传,影响至今。

运河繁盛

　　隋唐大运河通过永济渠、通济渠、邗(hán)沟、江南河,实现了海河、黄河、淮河、长江、钱塘江五大水系的贯通,其中通济渠部分流经安徽淮北、宿州等地,长180余公里。运河的漕(cáo)运、贸易之利,带动了沿河经济的发展,促进了重要商业集镇的形成。淮北柳孜段、宿州段运河遗址出土了唐代沉船等大量文物,其中陶瓷器数量众多,涉及越窑、耀州窑、磁州窑、邢窑、定窑、长沙窑、钧窑、龙泉窑等20多个窑口。

隋唐大运河淮北柳孜段遗址发掘的桥墩(手绘)

枕眠黑象憨态掬

黑釉象座枕

唐代
长12.5cm 宽8cm 高8.3cm
安徽宿州隋唐大运河遗址出土

  此枕通体黑釉，风格简洁，造型明了。枕底、枕面皆呈椭圆，枕底平直，枕面中心微凹、两头翘起，形似马鞍。枕身为象形，卷鼻大耳，身形庞然，下踏枕底，上托枕面，似慵懒伫立，憨态可掬。胎土灰白，胎质坚硬，结合釉面、造型等特征，此枕应属寿州窑产品。

九秋风露越窑开

越窑青釉碗

宋代

高5.1cm　口径12.8cm

安徽宿州隋唐大运河遗址出土

　　唐代茶文化家、被誉为"茶圣"的陆羽认为，越州碗的最好造型是"口唇不卷，底卷而浅，受半升已下"的小碗。所谓"口唇不卷"，是说碗的口唇薄平而外侈，"底卷而浅"则是指底壁宽厚的浅圈足。陆羽多次称赞"越瓷青而茶色绿"。"青则益茶"，即青瓷茶具可使茶汤呈绿色（当时茶色偏红）。

　　这件青釉碗即符合了陆羽的标准，虽不是翠色，但莹润明洁，使得一碗清茶更加青绿，芬芳四溢。

小知识：越窑

　　越窑为我国烧瓷历史最早的瓷窑之一。窑址主要在浙江绍兴、宁波两地。唐代属越州管辖，故称越窑。

　　越窑始自东汉，唐、五代时是其鼎盛时期，主要烧造青瓷，并形成了独特的风格，成为南方著名的青瓷窑。越窑之名，最早见于唐代，唐代是越窑工艺最精湛时期，居全国之冠。越窑青瓷与唐代的饮茶风尚关系密切。

　　所烧器物造型丰富，纹样端庄秀丽，胎质细腻，釉色青中微带黄色，釉质滋润肥厚，如冰似玉，唐代著名诗人陆蒙曾赞誉道："九秋风露越窑开，夺得千峰翠色来。"

安徽文明史陈列

陶瓷菁华

20世纪五六十年代以来，淮南、繁昌、萧县、歙（shè）县、霍山等地发现了30多个窑口。寿州窑的黄釉瓷、繁昌窑的青白瓷、萧窑的白地褐彩瓷及动物玩具等产品特色鲜明，在全国有一定影响。

隋唐宋元时期，经济文化得到发展，制瓷业空前发达，出现了长沙窑、定窑、景德镇窑等全国著名窑口。陶瓷器的装饰手段日益丰富，贴塑、刻花、划花、绞胎、釉下彩等装饰手法大量使用，书法、绘画、雕塑等也融于陶瓷器的制作。它们在一定程度上反映了当时人们的生活面貌和审美情趣。

小枕清凉听蝉鸣

寿州窑黄釉印花枕
唐代
长15cm　宽12.5cm　高8.5cm
安徽芜湖出土

瓷枕始烧于隋代，唐以后流行，宋、金、元时期最为鼎盛。在尺寸上，早期较短小，金元时期变长。唐枕均形短体小。因瓷枕光洁细润，质坚清凉，是古代夏令寝卧的佳品，除作为寝具外，也用于辟邪、按脉及随葬等。

此枕为箱形，枕面中部微凹。底留有一圆形通气孔，黄色胎土上涂有一层化妆土，体表施晶莹透亮的黄釉，底未施釉。枕面中央印规整的菊花纹，器型典雅。唐代寿州窑多为素面，印有花纹的寿州窑瓷器极为珍贵。

黄釉执酒瓷若醉

寿州窑黄釉执壶
唐代
高23.2cm　口径10.4cm　底径9.6cm
安徽治淮工地出土

　　执壶在唐代又称"注子"，是当时较流行的一种酒具。喇叭口，短颈，鼓腹，八棱短嘴，双系，与嘴相对的一边置曲柄。寿州窑黄釉执壶除造型工整、制作精良外，最具特色的是纯正的蜡黄釉色，光滑匀净，是寿州窑烧制的代表作品。

　　黄釉又分蜡黄、鳝鱼黄和黄绿等色。产品不仅有执壶，还有碗、盏、杯、盆、钵（bō）、罐、枕及玩具等。寿州窑黄釉瓷器以独特的风格闻名于世，唐人陆羽在《茶经》一书中就有"寿州瓷黄，茶色紫"的记载。这件执壶釉色纯正莹润，与施护胎釉有很大关系。护胎釉又称"化妆土"或"瓷衣"，由白净细腻、含铁量极少的瓷土配制而成。在瓷器入窑烧造前，先将其施于胎体表面，再施表层釉，这种先上化妆土的技法，既可以掩盖胎料因杂质未去除干净而泛出的杂色、黑点，又可以克服瓷器表面粗糙或凹凸不平的缺陷，提高釉色的莹润和玻璃质感。寿州窑生产的黄釉瓷器都使用化妆土，釉中含铁量适当，用氧化焰烧成。

> **小知识：寿州窑**
> 　　寿州窑位于今淮南市上窑镇，唐时属寿州，故名寿州窑。其创烧于南北朝，兴于隋唐，渐衰于北宋早期，寿州窑早期烧造青瓷，唐代时烧造黄釉瓷，兼烧黑釉、酱釉等品种，唐代陆羽《茶经》记载："寿州瓷黄，茶色紫"。装饰手法有刻花、划花、印花、剪纸贴花、漏花、模印和堆塑等。

一团彩墨泼异风

三彩双系凤柄壶

唐代

高22.5cm　口径5.4cm　底径8.5cm

安徽淮南寿县出土

  三彩壶圆直口，伞状盖，盖上附乳钉小钮、凤形柄，球形腹，高圈足外撇，肩上堆贴对称双系，颈部饰凸弦纹，形同竹节，肩饰凹弦纹三道，口外壁堆贴模印的葡萄叶，腹部贴模印的葡萄和小鸟造型，秀美端庄，装饰生动别致，带有异域风格。胎为米黄色，釉为黄绿白相间的三色釉，有着自然流动之感。

小知识：三彩

  三彩是利用矿物质中金属氧化物的呈色机理，以氧化铝为助溶剂，适当加入铜、铁、钴、锰等物质为着色剂，于900℃温度中烧制而成。

  唐三彩是唐代生产的低温釉陶器，用黏土作胎，饰黄、绿、蓝、褐多种色釉烧制而成，且受到外来文化影响，吸收了波斯金银器的风格，曾经风靡一时。继唐代以后，宋三彩器以生活用具为主，风格清秀典雅，常见器型为枕头。

邢窑白釉仰荷注子

五代
高6.7cm　口径4cm　底径3.8cm
安徽合肥西郊出土

内丘白瓷无贵贱

　　该注子小口，六棱形短流，宽扁带式曲柄，口沿以下饰两道凹弦纹，腹部浮雕六瓣仰莲纹。通体施白釉，釉质莹润，造型优美。

　　从胎、釉等方面分析，应为五代时期邢窑产品。该器流的造型承袭唐代风格。特别是其腹部雕刻的莲瓣纹，饱满挺拔，造型独特。莲花是佛教文化的重要象征，中国瓷器上的莲纹一般都是受佛教艺术的影响发展起来的。

　　该注子形体较小，可能是文房用具。五代时合肥地区属南唐所辖。南唐辖地是当时经济、文化水平较为发达的地区，文人对文房用具的使用最为精雅考究，在五代十国中居最高水平。

小知识：邢窑

　　邢窑是唐至五代时期北方生产白瓷最重要的窑口，在河北省内丘曾发现其窑址。其釉色类银似雪，名闻天下。

　　唐代，以烧白瓷为主，兼烧黄釉、黑釉、三彩品种。其产品不仅供国内使用，而且远销世界各地。从窑址调查和发掘所出土的标本看，唐代邢窑白瓷有精、粗之分，以供不同阶层人的需求。正如唐人李肇（zhào）《国史补》所曰："内丘白瓷瓯，端溪紫石砚，天下无贵贱通用之。"

焚香弄墨茶当酒

繁昌窑青白釉镂孔炉

北宋

高17cm　口径12cm　底径14cm

安徽芜湖繁昌宋墓出土

繁昌窑青白釉镂孔炉是一件焚香器具。

此炉结构复杂，由炉身和炉座两部分组成，下部为六瓣莲花形炉座，器腹中空，炉座中央束腰，下刻划仰莲瓣纹。

炉身由内外层结构组成，内部为炉膛，置一长柄浅盘口豆形器。外层为圆筒扣合于一碗上，口沿上有19枚乳钉，腹壁饰六个蝶形和宝塔形镂孔，下有一周锯齿。碗为敞口、弧腹、饼足、小平底，外腹壁刻划竖条纹。炉身外层的小平底饼足碗刚好套置在腹部中空的炉座内唇上。整器施青白釉，釉层较薄，釉色泛黄。

该墓的随葬品均为繁昌窑烧制的青白瓷，种类有碗、执壶、温碗、炉、茶盏、盏托、水盂（yú）、罐等。包含了焚香器具、品茶用具和文房用品。瓷炉与茶器、文房用具同出的案例，在宋代文人墓葬中比较普遍，这种现象与文献记载的宋文人喜好"置炉焚香""舞文弄墨""烹茶品茶"的生活比较吻合，反映了宋代文人对焚香和品茶此类性灵生活的喜爱。

青白雅尚烟火间

青白釉蝴蝶结饰双系执壶

北宋

高18.8cm　口径7cm　底径6.9cm

安徽安庆宿松吴正臣夫妇墓出土

　　执壶在两宋时期是一种茶器，又可称为汤瓶。

　　该执壶为盂（yú）形口，尖唇，细颈，溜肩，弧腹，肩部置半环形双系，流口略低于壶口，盘口与壶腹之间置扁条形把手。壶身上腹部压印六瓣瓜棱形，下腹部饰六瓣仰莲纹，宛如一注子与注碗的合体，细曲流根部贴塑由单股泥条捏成的四瓣蝴蝶结形装饰。

　　执壶釉色为青白釉，微泛黄，由于釉层较薄，釉面光泽度不高，呈亚光的质感，圈足底部露胎，胎呈白色。

　　这件执壶与青白釉注子注碗、绿釉狻猊（suān ní）香熏、黑釉葵口盏、青釉斗笠盏、青釉碟、梅瓶等精美器具同出土于宿松县吴正臣夫妇的合葬墓中，向世人展示了宋人雅致的审美风尚。

安徽文明史陈列　　101

龙飞云间隐若现

定窑白釉刻云龙纹长颈瓶

北宋
高25.2cm　口径5.2cm　底径6.5cm
安徽滁（chú）州出土

　　云龙纹长颈瓶施白釉，工匠在瓶腹部用简练的线条刻划出云纹，其间刻划一条螭（chī）龙。螭龙自由飞腾，上下翻覆，若隐若现，画面感十足。图案抽象写意，刀工劲道有力，线条自然清晰。

　　刻花是定窑最主要的装饰技法之一，在划花工艺的基础上发展而来，有时与划花工艺一起运用。定窑刻花常以莲花、牡丹花、飞凤、牛、鸭和云龙等纹样为题材，在纹饰轮廓线一侧划以细线相衬，以增强主体纹饰的立体感。

　　此瓶胎体洁白，釉色温润，饱满均匀，为定窑的上乘佳作。

小知识：定窑

　　定窑为宋五大名窑之一，位于河北省曲阳县，因古时地属定州，故名。

　　定窑创烧于唐代，盛于宋代，至元代渐衰。产品以白釉瓷器为主，装饰技法有刻花、划花和印花等，图案多为花卉和动物纹。瓷器胎质细腻，釉色滋润，尤以白瓷为著，有"定白"之称。其生产规模宏大，品种繁多，多为碗、盘、瓶、碟、盒和枕，亦产净瓶等佛前供器，主要是作为贡品进入宫廷。

　　定窑兼烧黑釉、绿釉、酱釉瓷器，其酱釉瓷又称"紫定"，难得一见。目前该窑紫定器存世不多，绘有金彩者更为罕见。

景德镇窑青白釉注子注碗

北宋
通高25.2cm　底径9cm　腹径49.5cm
安徽安庆宿松吴正臣夫妇墓出土

温润莲荷暖琼浆

　　注子和注碗，是流行于五代至宋代的酒器——将盛酒的注子放入装着热水的注碗内，然后加热水，起到随时加温的作用。

　　《东京梦华录》卷四《会仙酒楼》记载："凡酒店中不问何人，止两人对坐饮酒，亦须用注碗一副，盘盏两副，果菜碟各五片，水菜碗三五只。"

　　此器由温碗、注子和盖三部分组成，注子通体作六瓣瓜棱形，前置上扬的细流，后有带状曲柄，口上套盖，盖顶蹲一狮子，昂首翘尾，凝视前方，活灵活现。温碗造型犹如一朵含苞欲放的仰莲，七瓣莲瓣自下向上合成深腹大碗，碗下承以高圈足，圈足外装饰尖叶形花蒂。

　　注子与温碗内外相拥、珠联璧合，轻盈俏丽。再配以通体玉洁冰清的青白釉，白中闪青，晶莹润泽。

小知识：景德镇窑

　　景德镇窑位于今江西省景德镇，始烧于唐武德年间（618—626年）。由数个窑口组成，以杨梅亭窑、石虎湾窑、黄泥头窑最早，均属五代时期。景德镇窑烧制的青白瓷，釉质透明如水，胎体质薄轻巧，青白色的釉料罩在刻花、印花的器皿上，纹样的下凹处积釉稍厚且较青，迎光看若隐若现，故又有影青、映青、罩青之称。

安徽文明史陈列

龙子喜烟好云雾

吉州窑绿釉狻猊（suān ní）香熏

北宋
通高32cm　口径13.5cm　底径12.3cm
安徽安庆宿松吴正臣夫妇墓出土

　　狻猊是中国古代神话中的神兽，也是"龙生九子"中的第五子。其形如狮，喜烟好坐，形象一般出现在香炉上。该香熏盖钮塑狻猊抢彩球状，炉身作仰莲瓣状，狻猊蹲在莲蓬果上，头部高昂，尾巴上翘，前足踏彩球，姿态雄健而活泼。炉底座塑成一莲花形须弥座。黄白色胎，通体施绿釉。有的莲瓣上特意不施釉，露出米白色胎，绿、白相间，显示出莲花的阴阳向背，有浮雕般的立体感。该香熏既可燃香，也是一件艺术陈设品。燃香时，只需将香料投放于莲花钵（bō）中，燃烧后炉烟便可从坐兽中空身躯内上升，再从口中徐徐吐出。

　　此器1964年出土于吴正臣及其妻的合葬墓，根据墓志和墓内钱币考证，吴正臣是宋代一地方管库官吏，此墓出土的一批器物相当精美，品种有青白瓷、青瓷、黑瓷，此外还有青铜器、铁器、石器等，达123件之多，为研究宋代经济文化特别是瓷器的种类、制作工艺提供了实物资料。

吉州窑黑地白花梅瓶

南宋
高29cm　口径6.3cm　底径9.6cm
安徽合肥巢湖郑村出土

花叶连连闻酒香

　　这件梅瓶是储酒器。整件器物为米黄色胎，口、颈部涂有白色釉，器腹以白色作为底色，并用黑色釉绘制出主体装饰图案：莲花、荷叶、莲蓬果及慈姑叶组成的江南地区常见的植物组群，肩、足部与主体图案间用白色弦纹间隔，色调柔和富丽，为吉州窑难得的作品。

　　此器模仿了磁州窑的构图艺术和装饰风格，先在瓶体上施白釉，再用黑色画出各种花纹，呈现白釉黑花或黑釉白花的做法。虽然与磁州窑有很多相似之处，但也保持着吉州窑自身的特点。

　　吉州窑绘画线条像工笔画一样细腻严谨，一丝不苟，体现出南方地区细腻流畅的风格，与北方磁州窑绘画所表现的粗犷酣畅的风格形成鲜明对比。

小知识：吉州窑

　　吉州窑遗址在今江西吉安县永和镇为中心的赣江两岸，是宋元时期一座生产众多产品的综合性民间窑场，它博采众长，集南北各窑制瓷技艺之大成，以多变的釉色、丰富的装饰、优美的造型、独特的工艺和浓郁的乡土气息独树一帜，尤其是以黑釉的变化多端独具风格，正如《景德镇陶录》所云："江西窑器，唐在洪州，宋出吉州。"

三彩卧女抱鹅枕

宋代
长30.9cm 宽11.2cm 高15cm

此枕塑一女子侧卧小憩状，左手撑头，面带微笑，头发施黑釉渲染，发饰以黄、绿两色釉点缀，右手抱鹅于胸前，着绿色长衫，饰黄花、荷叶以及戳印纹。枕面作如意云头形，以黄釉线条圈出一个开光，其内绘折枝花卉纹。枕底部施化妆土，但未施釉。

宋三彩的釉色有黄、白、绿三种主色，有的辅以红、黑、酱等色，色调温和素雅。宋三彩很大程度上继承了唐三彩的工艺特点，唐三彩胎体为陶胎，宋三彩多为陶胎，也有少部分瓷胎，这件枕胎体疏松，呈红色，为陶胎。

宋代瓷枕装饰精美、种类繁多，造型各异，人形瓷枕是其中一个重要品种。宋瓷如冰似玉，价廉物美，是宋代人们日常生活中的实用器。

笑枕莲间憩舒雁

画瓶轻透纸墨香

萧窑白地褐彩四系瓶

金代

高43.8cm 口径10cm 底径10.5cm

安徽淮北出土

  此瓶圆口卷唇，长圆腹，平底微内凹，颈部装扁带形四系，上部施白釉，白釉之上用褐彩绘画草叶纹、弦纹，风格粗犷，写意生动。

  萧窑是南北窑瓷文化交流的"中间站"，始创烧于隋朝，延续于唐、宋、金。

  金代萧窑以烧造白釉瓷器为主，主要受北方磁州窑的影响，此瓶在装饰风格上吸收了磁州窑豪放洒脱的特点，独具特色。

巧匠奇思换酒装

青花灵芝纹环耳匜（yí）

元代

高4.3cm 口径13.2cm 底径8cm

安徽安庆元代窖藏出土

  匜是先秦时期水器，主要用于祭祀前净手，也作为酒器使用。

  匜最初为椭圆形，一侧置流，对侧设鋬（pàn），底部有三足或四足。唐宋之际，陶瓷匜大量出现，元代尤其多见，并出现标志性匜器——环耳匜。环耳匜是酒器，温酒时，将其放在风炉上加热，酒热后直接注入瓶中，再由瓶斟入台盏。

  此器整器施白釉，器内底部绘折枝灵芝纹，内、外壁近口沿处饰卷草纹一周，釉下青花呈色素雅。特别是流下带有元代标志性装饰——卷云状小环耳，颇具风情。

名臣包拯

包拯（999—1062年），字希仁，庐州（今合肥市）人，谥号"孝肃"，北宋中期著名政治家，历任天长知县、端州知州、天章阁待制、开封府知府、枢密副使等职，以铁面无私的形象著称于世。他执法严明，刚正不阿，情系人民，是历史上清廉为官的典范。不论在当时还是后世，包拯都是一位有着广泛而深远影响的人物，百姓敬仰他的品格，称赞他的贤能，他的事迹流传至今。

1973年发掘的合肥北宋包拯家族墓，包括包拯夫妇迁葬墓、长子包繶夫妇墓、次子包绶（shòu）夫妇墓及长孙包永年墓等12座，出土随葬品50余件、墓志6块，瓷器8件，其中有黑釉兔毫盏、黑釉四系罐、兔毫纹碗、青白釉钵（bō）、包银青白釉莲瓣形粉盒，另外还伴出有砚台、木俑等随葬品。

包拯家族墓的随葬品较少且均为普通生活用具，与宋《两朝国史·包拯传》中包拯"居家俭约，衣服、器用、饮食，虽贵，如初官时"的记载相吻合。出土墓志详细记载了包拯夫妇生平及其子孙等情况，为我们认识包拯的精神品格提供了重要的文献资料。

且留清白在人间

景德镇窑青白釉镂空香熏

高11cm　口径11.4cm
安徽合肥包绶（shòu）夫妇墓出土

香熏呈半球形，盖面是重叠的24峰，山峰间有16个小圆孔，盖口边缘刻划弦纹两道。器身为圆筒形，平圆底下有三个花瓣形足，造型圆浑饱满，通体施青白釉，质地细腻坚硬，釉面滋润光亮。

青白釉是介于青白二色之间的一种釉色，创烧于五代至北宋前期，瓷胎骨洁白细腻，质感如玉，胎体较薄，器上的暗雕花纹内外都可以映见。

黑釉兔毫盏

北宋
高5cm　口径13.1cm
安徽合肥包拯家族墓出土

北宋时期因宫廷盛行赏茶、斗茶之风，所以这种胎体厚重、釉色漆黑的茶盏流行一时。大到皇帝、小到百姓，都喜欢用这种黑色的小盏作为饮茶和斗茶的器具。

在这种茶盏的黑釉上有呈放射状的黄褐色条纹，似兔子身上的皮毛，俗称"兔毫纹"。这种黑釉小碗最早是福建的建窑所创烧，其以兔毫斑纹最为著名。

金银璀璨

我国是较早使用金银的国家之一,由于稀有性,金银早期主要用于制作货币、饰品和礼器等。隋唐以降,随着社会经济的发展以及受到中西亚、欧洲金银制作工艺的影响,金银器种类日益丰富,金银质地的生活用品也逐渐走入平常人家。安徽各地曾在一些墓葬和窖藏中出土了隋唐宋元时期数量可观的金银器,工艺精湛、纪年明晰,历史价值、艺术价值高。唐代的兼收并蓄、宋代的精致典雅、元代的粗犷雄浑均可见一斑。

连七式花头金钗
宋代
长14.5cm　钗头宽9cm
安徽芜湖小桃园墓出土

螭(chī)虎纹金发钗
宋代
长12cm　宽1.5cm
安徽滁(chú)州来安县出土

自把金钗歌一曲

安徽文明史陈列　111

佛陀教化铸金身

鎏(liú)金铜佛塔

宋代
高32.2cm　底座高9.9cm　底边长12.4cm
安徽池州青阳城关镇宝塔地宫出土

该塔为宋代宝箧(qiè)印经式塔，方形，由塔座、塔身、塔顶、塔刹四部分组成。塔座较矮，四面各镂空雕四座佛龛(kān)，佛龛内置一尊坐佛。塔身略小于塔座，四面镂空雕刻佛教故事，四角立柱上方圆雕一只大鹏金翅鸟。塔顶由塔身向上抖出四个斜面，每面镂空雕刻虎衔卷草纹，顶部四角各出一个蕉叶形插脚，插脚外侧面各浮雕两则上下排列的佛教故事图。刹座为覆钵(bō)式，外雕覆莲瓣，刹身置相轮五重，每重轮表面饰有卷草纹，刹顶为四瓣形宝珠。

据南宋志磐《佛祖统纪》记载，北宋建隆元年（960年）吴越王钱俶仿照印度阿育王造84000塔之事，用金铜精钢铸造84000座小塔。此鎏金铜塔与2001年杭州雷峰塔地宫出土的鎏金银塔形制相似，大小接近。

但有贵人供金银

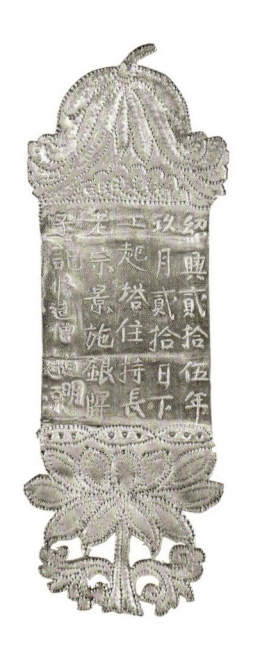

释宗景施建银牌／章华施建宝塔金牌

南宋

银牌，长13.4cm　宽3.1cm

金牌，长12.3cm　宽4.5cm

安徽池州青阳城关镇宝塔地宫出土

  在富庶的宋代，金银器呈现出商品化、货币化、民间化的特征。以银铤（dìng）为代表的金银制品，因质小值大，在流通领域的金融属性逐渐增强，"十分赤金""出门税"等铭文以及近乎一致的形制和重量即是这种现象的反映。另外，在安徽多地的佛塔地宫中，出土了一些供奉布施的金银器具和记事牌，说明宋代金银器的制作趋于适应社会不同阶层的需求。

  银牌为一薄银片制成，上下两端分别以针刻荷叶、莲花装饰，中部为长方形，刻有楷书铭文五列计33字。

  金牌为长方形素面薄金片，正面楷书铭文四列，共计94字，详细记录了佛塔施建者的身份及家族成员、佛塔的建造时间等信息。

安徽文明史陈列　　113

御仙花金带饰

南宋
单件长约8.5cm～15cm　宽约8cm　厚约0.9cm～2.5cm
安徽黄山休宁朱晞（xī）颜夫妇墓出土

采章华服明贵贱

　　在推崇礼制、强调"采章服饰，本明贵贱"的宋人眼中，系不系腰带、系何种腰带以及如何系腰带都是非常严肃的事情。《宋史·舆（yú）服志》规定："带，古惟用革，自曹魏而下，始有金、银、铜之饰。宋制尤详，有玉、有金、有银、有犀，其下铜、铁、角、石、墨玉之类，各有等差。"这件金带銙（kuǎ）也是印证墓主人身份地位的重要实物资料。

　　金带是腰带上的装饰构件。它由带头（或称铊尾）、圆形銙、带尾，以及方形銙等组成，出土时不见带鞓（tīng）（腰带）。圆形銙、方形銙、带尾的正面纹饰均采用锤鍱（yè）高凸花工艺制成，装饰纹样为御仙花，花朵形体硕大饱满呈椭圆状，花蕊、花瓣、花萼等均采用凸浮雕錾（zàn）刻技法。整套金带纹饰构图繁密，层次分明，花枝缠绕，叶片藏匿其间，妖娆灵动。

　　墓主人朱晞颜，安徽休宁人，历经宋高宗、孝宗、光宗、宁宗四朝，官至工部侍郎。墓中出土金器30余件，其中金盏、金碗等是金器精品，胎体轻薄、刻工精细，展现了宋代金银器的风格。

紫罗袍共黄金冠

缠枝花卉纹金发冠

元代

长13.7cm 宽9cm

安徽安庆范文虎夫妇墓出土

  金发冠由五块金片扣合而成，顶部、底端共三块金片，分别与左右两侧的椭圆形金片相扣合，形成一个椭圆形腔体，用来套在发髻（jì）之上；底部两端的金片中央各有一圆形孔，用以固定发簪。顶部及左右两块金片均饰缠枝花卉纹，每朵花卉中央花蕊处均镶嵌宝石，现已脱落，痕迹仍然清晰可见。

  范文虎原为南宋安庆知府，后降元，官至尚书右丞。在其夫妇墓中还出土了玉带、玉印、金冠、金饰等大量文物。这件华美精致的发冠，代表了元代高超的金器制作水平。

安徽文明史陈列

"章仲英造"银玉壶春瓶

元代

高32.5cm　口径8.5cm　底径10.4cm　腹围60cm

安徽合肥原孔庙基建工地出土

银玉壶春瓶是元代的酒器，形体与同时代陶瓷器中的玉壶春瓶极为相似。玉壶春瓶从元代开始由实用的酒器向明清时期的陈设器转变。

此瓶带盖，圆形，高鼓顶，顶中心置有一宝珠纽。圈足内镌刻为双线的八思巴文"杨"字。银壶通体光素无纹饰，更能显示出造型准确，比例均衡，线条饱满浑厚的草原民族粗犷雄浑的风格特点。

此窖藏出土的金银器有102件，同样器型的玉壶春瓶共有九件，其中部分圈足内镌刻"章仲英造""庐州丁铺""至顺癸酉"等字样——庐州就是今天的合肥，表明这些器物都是出由庐州丁铺匠师章仲英制作。同时出土数量如此之多的金银器，且有确切年款、作坊和工匠名，在全国实属罕见。

元朝政府对金、银的使用非常重视，制定了专门制度来保证不同阶层使用金银制品时所享有的不同权利。为了控制金、银的流通，政府经常进行专卖，规定在专卖期间，工匠只能用顾客带来的金银打造器物，做成后要在器物上錾（zàn）刻匠人的姓名，所以此瓶的圈足中会留下工匠姓名。

一匠流芳在银壶

海棠花开百姓家

"章仲英造"金把杯

元代
口径7.5cm　底径4.8cm
安徽合肥原孔庙基建工地出土

　　此器葵口，方唇，弧形腹，平底，一侧有柄。杯内底一侧有"章仲英造"四字阴文楷书。

　　这件金把杯，又被称为"海棠式金卮（zhī）杯"，出土时为一对，应是当时宴会中等级最高的人使用。

　　该窖藏出土金银器保存完好，包括金杯、金碗、金碟、银果盒、银壶、银高足碗、银盏、银碟、银勺、银筷子等，部分器物上戳（chuō）印有"章仲英造""庐州丁铺""至顺癸酉"等铭文，窖藏共出土金器十件，其中七件收藏于安徽博物院。

　　宋元以来金银器逐渐商品化、生活化，金器的使用逐渐从上流社会进入了家境殷实的百姓人家，制作精良的器物甚至成为家居陈设，从实用器上升为艺术品。商品经济的繁荣，商品市场的激烈角逐造就了一批技术精湛、注重品质的工匠，这批制作精良的金银器，亦是元代金银器制作水平的集中展现。

第五部分

中都基业　天下徽商
——明清时期的安徽

　　明清是安徽古代历史文化的总结时期。公元1368年，朱元璋领导淮右集团，在元末农民起义的角逐中脱颖而出，创立了明朝。

　　洪武建元后，朱元璋大规模营建凤阳中都城，迁徙数十万移民，并实行军屯、民屯和商屯，其中的"开中法"，后来改成"开中折色"，对商业特别是徽商的发展起到了促进作用。

　　清朝建立后，徽商以盐业为中心，举凡典当、茶叶、木材和粮食贸易等，无不涉及，活动地域广泛，形成"无徽不成镇"的局面。徽商"贾而好儒"，对城镇经济和文化发展做出了突出贡献。

　　清康熙六年（1667年），清廷将江南省一分为二，取安庆府和徽州府之首字，设立安徽省，是为安徽建省之始。从此，安徽进入一个崭新的时代，"商成帮，学成派"，社会经济和学术文化取得辉煌成就。鼎盛于清中叶的桐城派，是清代文坛最大的散文流派。戴震为代表人物的乾嘉学派，学风朴实，在清代学术史上独树一帜。吴敬梓（zǐ）创作的《儒林外史》是中国讽刺小说的典型。程大位、梅文鼎是明清珠算、天文学领域的代表性人物。

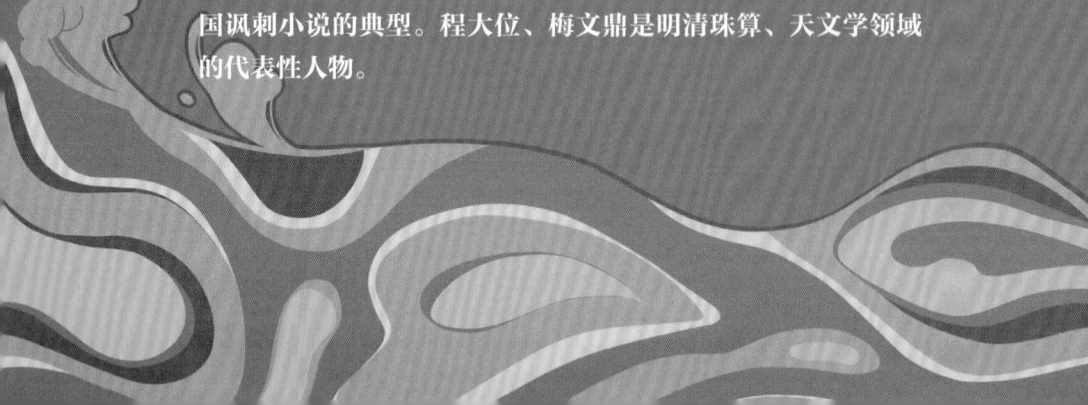

洪武皇帝

朱元璋（1328—1398年），濠州钟离（今安徽凤阳）人，出身贫寒。元至正十二年（1352年），加入郭子兴领导的农民起义军，后自立一军。韩林儿称帝时任左副元帅。至正十六年（1356年），率军攻下集庆（今江苏南京），改名应天府，设立统军大元帅府，封官任职。至正二十七年（1367年），命徐达率师北伐。

公元1368年，朱元璋在南京即皇帝位，国号大明，建元洪武。其以严典治国，制定《大明律》，抑制豪强，打击贪官污吏。朱元璋强化封建专制，巩固中央集权制度，为明初社会经济的发展创造了条件。

龙凤元帅官最高

"龙凤六年"元帅之印

元至正二十年（1360年）
长8.2cm　宽8.2cm　高9cm

此印铜质，方形。阳文篆书"元帅之印"。印文笔画折叠堆曲，俗称九叠篆。印背上有钮，钮上刻一"上"字，以指示印文上下方向；印钮两侧刻有"元帅之印""龙凤六年十一月口日"。印章左侧还有编号"珍宝八号"。

该印是元末农民起义军小明王韩林儿颁发的官印，红巾军建立政权前只有军事机构，以元帅为最高。虽然朱元璋作为元末农民起义军领袖，率军推翻了元朝的统治，但朱元璋所领导的农民武装，在很长一段时间都隶属于龙凤政权红巾军。此"龙凤六年"元帅之印的发现为研究元末农民起义有关历史提供了宝贵的实物资料。

安徽文明史陈列

最大纸币通天下

大明宝钞

明代

高约30cm　宽约20cm

大明宝钞是明朝官方发行的唯一纸币，明太祖洪武八年（1375年）始造。由于当时缺铜，明朝政府于洪武七年（1374年）颁布"钞法"，设宝钞提举司印制纸币，并于次年由中书省发行。

大明宝钞以桑皮纸为印钞材料，里外都透着一个"大"字，它的面额分六等：一贯、五百文、四百文、三百文、二百文、一百文，其中一贯等于铜钱一千文或白银一两，四贯合黄金一两，是地道的"大钱"。

一贯钞是中国乃至全世界票幅最大的纸币。票面上端为"大明通行宝钞"六字，中为"一贯"，下为洪武年"户部奏准印造"。落款"洪武年月日"。

大明宝钞基本上沿袭元代钞制，在设计上更加简洁，文字简练。钞体为竖长方形，花栏内为龙、缠枝番莲、云气纹等。内栏上端书写钞额，钱图两边为"大明宝钞""天下通行"九叠篆文八字。

鱼鳞图册

明代
高29cm　宽29cm

　　南宋绍兴时已有鱼鳞图，详细记录人户田宅。明洪武时期，鱼鳞图册成为确定地权的重要依据，为政府掌握地区土地田亩占有和使用状况，并依此派征赋役提供保证。

　　现存鱼鳞图册以原徽州府地区居多，分为鱼鳞清册和鱼鳞总图，其中清册是土地登记簿册，总图是土地分布示意图。

　　与鱼鳞图册相辅而行的还有黄册，即户口登记簿。黄册制度的重点在"人"。两者互相印证，同为封建国家征收赋役、管理土地民户的依据。朱元璋建立"两册"的目的，是对人口和土地进行大清理，打击地主富豪兼并土地、隐瞒田产、逃避徭役等。"两册"是朱元璋推行的一大反腐力举。

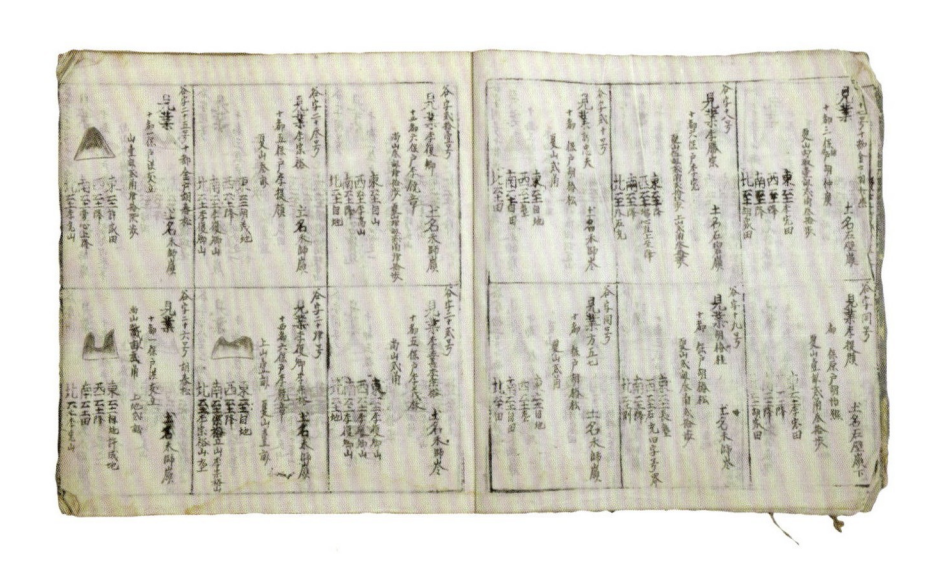

鱼鳞为据记田宅

外甥见舅如见娘

凤鸟纹玉簪首

明代
上，长3.7cm　宽2.8cm
下，长2.8cm　宽1.5cm
安徽滁州明光李贞夫妇墓出土

　　簪，是古人用来绾定发髻（jì）或冠的长针，由笄（jī）发展而来。
　　此墓为朱元璋二姐朱佛女、姐夫李贞合葬墓，出土文物34件。《明会要》载："曹国长公主，嫁李贞，洪武元年，追册为孝亲公主。"朱元璋《大明皇陵之碑》中提及"仲姐"及李氏父子："知仲姐已逝，独存驸马与甥双。驸马引儿来我栖，外甥见舅如见娘。"
　　合葬墓出土的这对凤鸟纹玉簪首，一大一小。通体沾满绿色铜锈，可能原有铜柄相连，现柄已缺失。
　　该簪首系用和田白色玉刻，玉质温润，局部有灰白色沁斑，通体镂空透雕，背面打凹，整体装饰性强，设计与制作工艺较为复杂，是明初的玉雕精品。

金簪／金耳坠

明代
金簪，长15cm 宽4cm
耳坠，长5cm
安徽滁州明光李贞夫妇墓出土

　　此簪簪首为镂空式设计，使凤鸟形象更加立体、生动，体现了当时工匠精湛的技艺，同时也是墓主人身份和地位的象征。簪为古人固定头发或顶戴的发饰，同时又具装饰作用。凤为中国古代传说中的百鸟之王，常用来象征祥瑞。

　　耳坠由纯金制成，呈葫芦形。金耳坠既不失墓主人身份的华贵，又给人喜气祥和的美感。葫芦是中华民族最原始的吉祥物之一，葫芦籽众多，人们认为这是"子孙万代，繁茂吉祥"的象征；葫芦谐音"护禄"，即"福禄"，故古人将它作为驱灾辟邪、祈求幸福、使子孙人丁兴旺的象征。

百鸟福禄旺子孙

玉制灵牌史罕见

玉灵牌

明代

长8.1cm　宽4.8cm　高20.6cm

安徽滁州明光李贞夫妇墓出土

此灵牌由和田青白色玉制作而成，有裂与白色沁斑，灵牌为嵌入式。牌身长方形，圆弧顶。正面刻有"吴孝亲公主朱氏之柩"九个阴文楷体字，表明了墓主身份。底座亦为玉制，厚重且有质感。

该灵牌用玉石刻成，在安徽考古史上是首次发现，在全国也不多见，它对研究元末明初丧葬制度具有宝贵价值。

中都皇城

明洪武二年（1369年），朱元璋集百万匠夫在凤阳营建中都。中都城采用"三环相套"的建筑格局，分别为皇城、禁垣（yuán）、中都城，规模宏大，气势恢宏。都城营造继承并发展了"前殿后寝""左祖右社""法天象地"等原则，南北中轴线纵贯全城。其规制上承宋元，下启明清，是明初改建南京、营建北京的蓝本，在中国都城建设史上占有重要位置。

小砖留名建中都

中都城文字砖

明代

长40cm　宽20cm　高10cm

安徽滁（chú）州凤阳县明中都遗址出土

　　文字砖上铭文为"南昌府新建县""安庆府桐城县"等字，为明初营建中都城时特意烧制。明中都城的墙砖，不仅有一定的规格，还有一套严谨的管理方法。为保证墙砖的质量，当时建立了层层责任制，要求各地生产的城墙砖烧制出府、州、县、制砖人等五至六级责任人的名字，这在中国同类墙砖上极为少见。

龙首立檐有担当

龙纹脊兽

明代

长36cm　宽19cm　高30cm

安徽滁（chú）州凤阳明中都遗址出土

　　脊兽，为古代建筑构件。

　　我国古代建筑大都为土木结构，屋脊是由木材上覆盖瓦片构成的。檐角最前端的瓦片因处于最前沿的位置，要承受上端整条垂脊的瓦片向下的一个"推力"；同时，如毫无保护措施也易被大风吹落。因此，人们用瓦钉来固定住檐角最前端的瓦片，在对钉帽的美化过程中逐渐形成了各种动物形象，这就是脊兽。

　　脊兽由陶土烧制，高级建筑多用琉璃，其功能最初是为了保护木栓和铁钉，防止漏水和生锈，对脊的连接部起固定和支撑作用。后来脊兽发展出了装饰功能，并有严格的等级意义，不同等级的建筑所安放的脊兽数量和形式都有严格限制。

　　这件凤阳明中都遗址出土的脊兽，绿釉色彩鲜明，龙纹气势磅礴，它原本是装在明中都一座大殿屋顶上的。它的存在，提供了明中都恢宏建造、庄严宫殿的证明，也是当时能工巧匠集于凤阳大兴土木建造皇城的真实写照。

中都宫殿雕龙石栏板

明代
栏板，长120cm　宽22cm　高82cm
望柱左，长28cm　宽28cm　高143cm
望柱右，长28cm　宽28cm　高137cm
龙纹须弥座，长101cm　宽32cm　高32cm
凤纹须弥座，长89cm　宽31cm　高32cm
安徽滁州凤阳明中都遗址出土

故都谁人凭栏望

　　中都城周长60余里，以正殿、文华殿、武英殿为主体建筑，"规制之盛，实冠天下"。

　　石栏板、瓦当等石雕构件和各色琉璃构件多体现在城内宫殿遗址上，雕刻技法有浮雕、圆雕、透雕等。它们造型较大，雕刻精美，均为国内罕见。须弥座，系安置佛、菩萨像的台座。座上镶嵌有龙、凤、狮、鹿、麒麟、芍药、牡丹、西番莲、荷花、云朵、方胜等各式图案浮雕，是中都城遗址保存较为完好的石刻艺术精华。

安徽文明史陈列

桐城文派

　　桐城文派是清代最大的散文流派，统领清代文坛200余年。明末清初，方以智、钱澄之致力古文，开桐城派先河。戴名世继往开来，以古文创作闻名于世。早期代表人物方苞、刘大櫆（kuí）、姚鼐（nài）被尊为"桐城三祖"。姚鼐集桐城文派之大成，于乾隆四十二年（1777年）打出桐城派的旗号，提出义理、考据、词章三者兼备的新文论。后期代表作家有梅曾亮、管同、方东树、姚莹及曾国藩等。桐城文派的作家前后近千人，创建了系统的散文理论，留下了不少优秀散文作品，是中国文学史上的一座丰碑。

方以智草书诗卷

明代

纵26.6cm 横108.3cm

浮渡愚者适苍莽

　　方以智（1611—1671年），字密之，号曼公，又号浮山愚者，桐城凤仪里人。明崇祯（zhēn）十三年（1640年）进士，授翰林院检讨。清朝建立后，曾参加反清复明活动，后出家为僧。方以智集哲学、科学、文学造诣于一身，是一位百科全书式的学者。他主张文学要"端本于经，练要于史，修辞于汉，析理于宋"，对后来桐城派散文理论的形成有一定影响。

　　下图为方以智草书五言诗二首，一为："四顾旋上下，一掌留河山，鋂（méi）丸辗轳中，又过六十年。仰思雀摩霄，俯叹龙蟠渊，息阴托社栎（lì），荷锄忧石田，且让五岳杖，箕（jī）踞斜阳间，云水倏（shū）明灭，万里当吾前。或响匡庐壁，或点奚囊烟，或弄苏门啸，或哭太华巅，到老放一笑，高兴皆偶然。"自注："休言闲不闲，无汝回避处。"

　　二为："绝俗跻巉（chán）岩，窘步亦粗鞅（yāng），寒热天地情，胜气仙人想。明天途穷恸（tòng），奋臂且一往，梅花破冻开，竹笋闻雷长。玄语以自消，大言以自广，背上九万里，何殊适苍莽。"

　　诗后钤（qián）"浮渡愚者智记"朱文印。

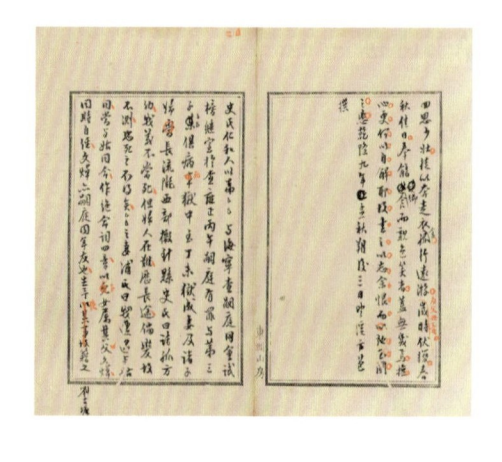

礼部侍郎创义法

方望溪先生手稿

清代

宽35cm 高42cm

方苞（1668—1749年），字凤九，一字灵皋（gāo），号望溪，桐城人，清代散文家。方苞早年立有"以八家之文，载程、朱之道"的志向。32岁举江南乡试第一，39岁中进士。44岁受"南山集案"牵连入狱。后遇赦（shè），隶汉军旗籍，入南书房，累官至内阁学士兼礼部侍郎。他文章写得雅洁精练，选材精当，留下了《狱中杂记》《左忠毅公逸事》等著名篇章，开创了清代散文的新风貌。

桐城派文论创始于方苞，理论核心是"义法"。"义"指文章内容，强调以儒家经典为宗旨，提倡程朱理学，服务于当代政治。"法"指文章的形式、技巧，以《左传》《史记》及唐宋八大家、明归有光的文章为典范。

小知识：南书房

南书房，是清代皇帝文学侍从值班之所，设于康熙十六年（1677年）。

南书房位于北京故宫乾清宫西南，本是康熙帝读书处。康熙帝为了便于与翰林院词臣们研讨学问，在乾清宫西南角特辟房舍以待，名"南书房"，也称"南斋"。

清代士人以能入南书房为荣。入值者除了陪伴皇帝赋诗撰（zhuàn）文、写字作画、谈论学问以外，兼有撰拟制诰（gào），以及咨询政务、访问民隐的任务，可谓是皇帝的"智库"。所以它是完全由皇帝严密控制的一个核心机要机构。能进入南书房的人物，才华可见一斑。

博采众长有神气

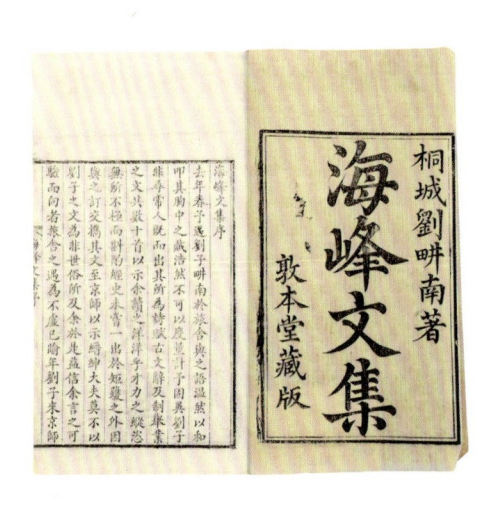

刘大櫆（kuí）《海峰文集》

清代

宽14.5cm　高25.2cm

此文集为清乾隆时期的刻本。

刘大櫆（1698—1780年），字才甫，一字耕南，号海峰，桐城人。他博采众长，以"义理、书卷、经济"扩大"言有物"的内涵，导出姚鼐（nài）的新文论，在桐城派起着承上启下的作用。刘大櫆作文注重韵律，才气豪放。他晚年曾任徽州黟（yī）县教谕（yù），归老于桐城故里。有《文集》十卷，《诗集》六卷，《古文约选》四十八卷。

刘大櫆是方苞的学生，在"义法"的基础上提出"神气"说，讲究音节、字句，以"义理、书卷、经济"行文，侧重于古文自身的理论探讨。

教谕，学官名。宋京师小学和武学中设。元、明、清县学均置，掌文庙祭祀、教育所属生员。

桐城文派集大成

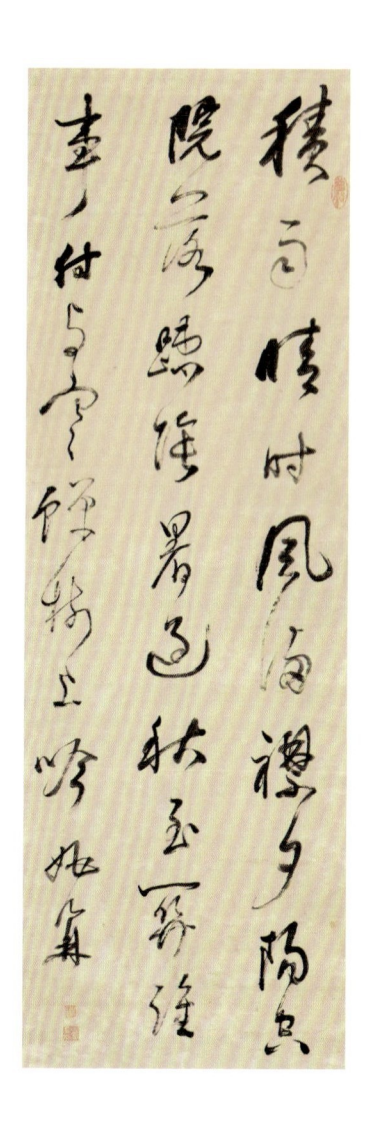

姚鼐（nài）草书

清代

纵127cm　横42cm

  姚鼐（1732—1815年），字姬传，一字梦谷，室名惜抱轩（在今桐城中学内），世称惜抱先生，桐城人。姚鼐于乾隆二十八年（1763年）中进士，曾任山东、湖南副主考，会试同考官。乾隆三十八年（1773年）入四库全书馆充纂（zuǎn）修官，乾隆三十九年（1774年）借病辞官。归里后，先后主讲于扬州梅花书院、安庆敬敷书院、歙（shè）县紫阳书院等，培养了一大批学人弟子。

  他文宗方苞，师承刘大櫆（kuí），主张"有所法而后能，有所变而后大"，在方苞重义理、刘大櫆长于辞章的基础上，提出"义理、考据、辞章"三者不可偏废，发展和完善了桐城派文论，为桐城派散文之集大成者。

  这幅作品内容为"积雨晴时风满襟，夕阳空院落疏阴。暑过秋至关谁事，付与寒蝉枝上吟"。姚鼐不仅为文学大师，还工书法，多所自得。

古文宗匠推新学

吴汝纶行书

清代
纵121cm 横57cm

吴汝纶（1840—1903年），字挚甫，一字挚父，桐城人。他于同治四年（1865年）中进士，是曾国藩和李鸿章幕府的重臣，也是晚清著名文学家和教育家，堪称激荡清朝文坛两百余年桐城派后期的代表人物。他也为严复翻译的《天演论》作序，积极倡导和推介西方新学思想。其生前就有"海内大师"和"古文宗匠"的盛名。

这幅行书内容为"吾见世中文学之士，品藻古今，若指诸掌，及有试用，多无所堪。居承平之世，难可经务。海门尊兄大人詧（察）书 挚甫吴汝纶"。不仅充分表现桐城派一以贯之的"经世致用"的思想，而且反映吴汝纶不喜那些纸上谈兵、难堪实务的"文学之士"。

曾国藩广揽人才，不少文人投入门下，其中张裕钊、吴汝纶、薛福成、黎庶昌，世称"曾门四弟子"。他们眼界开阔，主张研究西学，为文多着眼于经世致用，给桐城派带来全新的气象。吴汝纶被视为桐城文派最后一位宗师，他开办新学的教育思想具有积极的时代意义。

忧患时势会扬州

《姚莹谈艺图》

清代

纵46cm　横300cm

此图是清代江阴画家吴俊所绘,为姚莹旧藏,表现了姚莹在扬州与朋友谈学论道的场景。卷首有陶澍(shù)题图,卷末有曾国藩题名,李鸿章等题跋。

姚莹(1785—1853年),是姚鼐的弟子,为"姚门四杰"之一。在台湾道任上坚持抗英,战功显赫。他有关台湾战事的散文,雄浑刚直,长于记述和议论。

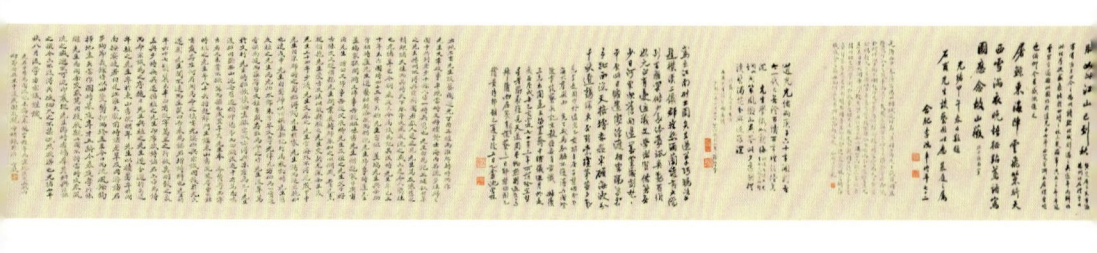

姚莹曾在江南做官，他在政事之暇，交游名士，主持风雅。《谈艺图》作于道光十九年（1839年），正是鸦片战争前夕，也是姚莹第二次代理两淮盐运使期间。图中的诸家题跋在某种程度上反映了姚莹在扬州的交游和创作情况，透露出当时曾国藩、李鸿章等有识之士普遍存在对时势的忧患感和对寻求解除忧患途径的关注，说明了桐城派的经世思想，这也是《谈艺图》的主旨所在。

天下徽商

魏晋以来,北方战乱频仍,中原世族纷纷举族南迁。宋代程朱理学在徽州兴起后,"虽十户之村,不废诵读"。深受儒学思想熏陶的徽州商人,世代秉承诚信为本的经营理念,最终成为明清时期极为杰出的商帮之一。

明朝建立后,徽商以盐业为中心,典当、茶叶、木材等无不涉及,促进了明清城镇经济的繁荣,推动了商品经济的发展。徽商的经营活动范围广泛,特别是在长江流域,创造了"无徽不成镇"的商业奇迹。

徽商贾而好儒,注重传承传统文化,为当时社会的发展进步做出了巨大贡献。

新安江畔圣贤家

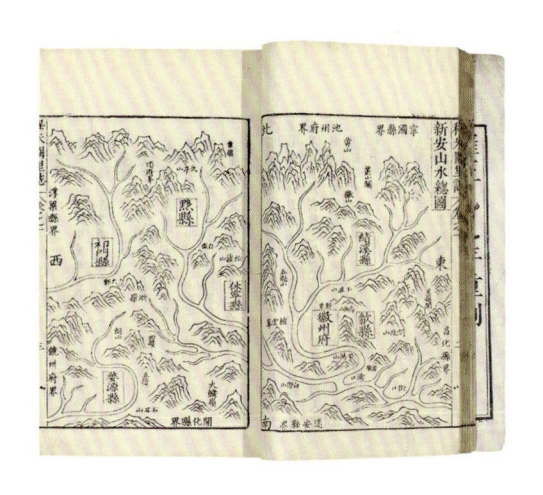

《程朱阙（què）里志》

清代

宽17.5cm　高29cm

"程朱阙里"为理学奠基者程颢（hào）、程颐和集大成者朱熹（xī）的故里，即坐落于安徽新安江北岸、黄山南麓下歙（shè）县的篁（huáng）墩村。

《程朱阙里志》有"新安文献第一书"之誉，是篁墩的第一部村志书，为明代赵滂（pāng）所撰（zhuàn），既属篁墩村村志，同时也是祠堂志，共分八卷，详细介绍了程颢、程颐、朱熹合祀祠堂（程朱阙里祠）的所在位置、附近风光，"二程"和朱熹的画像、宗系、祖德和祠庙历史等。其既是圣贤传记、家志书写传统的组成部分，也充分体现了宋元以来程朱理学的广泛传播和官学化对程朱故里的地位的抬升。

乾隆皇帝曾御笔书写"洛闽溯本"匾额赐给篁墩，说这里是程子"洛学"、朱子"闽学"的本源。

明代文学家、政治家，东林学派代表人物高攀龙，在给《程朱阙里志》作序时写道："程夫子生洛，朱夫子居闽，人知三夫子洛闽相去之遥，不知两姓之祖同出歙，又出于篁墩之撮（cuō）土也。天地之气，山川之灵，钟为圣贤，或发于一时一地，或培其先世而发于异地异时，盖上下千古不能几见。"

安徽文明史陈列

《休宁县志》"学宫图"

清代

宽17.5cm 高26.5cm

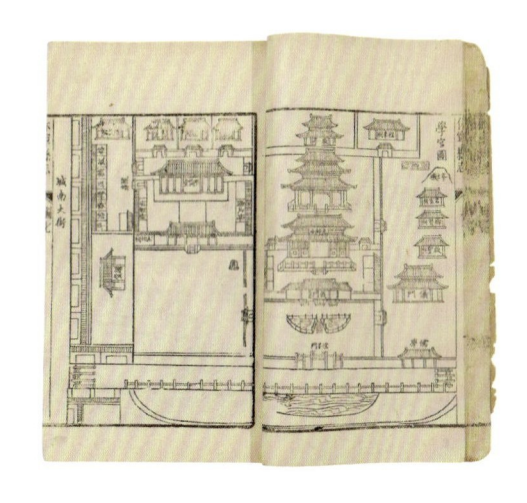

尊师兴儒人文盛

《休宁县志》"学宫图",以建筑示意图表现了休宁县主要官办儒学和书院的分布情况。这也是徽州教育兴盛的一个缩影。

古代徽州学校教育,书院选址既要考虑交通与交流的便捷,符合讲学的基本标准和要求,又要宜于潜心读书治学,相对幽静。

书院多按照徽州传统建筑的对称布置原则和对礼制的遵循,采用规则形中轴对称布局,一般为三进到五进。书院教学活动主要内容包括三个方面:祭祀行礼、躬行践履和优游山林。相对应的书院功能形制即包括:礼仪场所——孔庙、治学场所——讲堂和御书楼、游息场所——书院园林。

古代徽州学校教育,官民结合,机构众多,形式多样,主要包括府(州)学、县学、书院、社学、义学、村塾、学馆等。据康熙《徽州府志》记载,当时徽州有书院54所,社学562所,县塾五所,各家族的塾学更是数不胜数,以至"十户之村,不废诵读"。道光《休宁县志》记载:"自井邑田野,以至远山深谷,居民之处,莫不有学、有师、有书史之藏。"世人赞徽州是"人文辈出,鼎盛辐臻,理学经儒,在野不乏"。

开文墨业一枝秀

屯溪镇胡开文老店木刻店章

清代
长3.8cm 宽3.4cm 高5.4cm

  此印文内容为"苍珮室徽州休邑屯溪镇榆林巷下首胡开文老店按易水法制名墨"。"胡开文"墨业创始人胡天柱,是清代著名的徽墨制作大家,徽州绩溪上庄村人。少年时去徽州休宁县汪启茂墨店当学徒。乾隆四十七年(1782年)继承了汪启茂墨店,取徽州府孔庙的"天开文运"金匾中间两字,冠以姓氏,打出"胡开文墨庄"店号。后来胡开文得到迅猛发展,除休宁胡开文墨庄、屯溪首起胡开文老店外,先后在歙(shè)县、芜湖、汉口、长沙、九江、安庆、南京、镇江、扬州、杭州、上海等地,或设分店,或开新店,其经营范围覆盖大江南北,徽州制墨业呈胡开文一枝独秀之势。1915年胡开文所制的地球墨在巴拿马国际博览会展出并获金质奖章。

  胡开文的成功与其诚信相关。传说胡开文曾造出一种墨,承诺浸泡多长时间也不溶化散色,后被一先生投诉墨经水浸泡会溶化,胡开文验证为实后,当下道歉,赔还好墨的同时,令所属各店各坊,立即停制停售,并高价买回这种墨。不久,将这种墨全部倒入休宁城外的一池塘中,这池塘也变成墨池了。

两淮有盐天下咸

都转盐运使司石旗杆座

清代

长77cm　宽61cm　高82cm

都转盐运使司，简称"盐运司"。官署名。元、明、清掌管食盐产销的机构。

盐税是明清封建政府重要的财政来源。清代财政收入的一半来自盐税，而两淮又占全部盐业税收的一半，民谚称作"两淮盐，天下咸"。扬州是两淮盐业销售管理中心，两淮盐商以徽商资本独占鳌（áo）头。

两淮都转盐运使司衙署是扬州盐商时代兴盛的见证。从元朝至民国，政府都在扬州设立两淮盐运衙署机构，负责两淮地区盐的生产、运销和缉私等事务，足以证明盐务公业在经济工作中的重要地位——明代在两淮、两浙等六处设都转盐运使司；清代主要在产盐省份设置转运使司盐运使；民国时期又改为盐务管理局，盐运使被裁撤。

这件旗杆座，是两淮食盐产销运输监管到位、贸易发达的见证。

启奏换币第一人

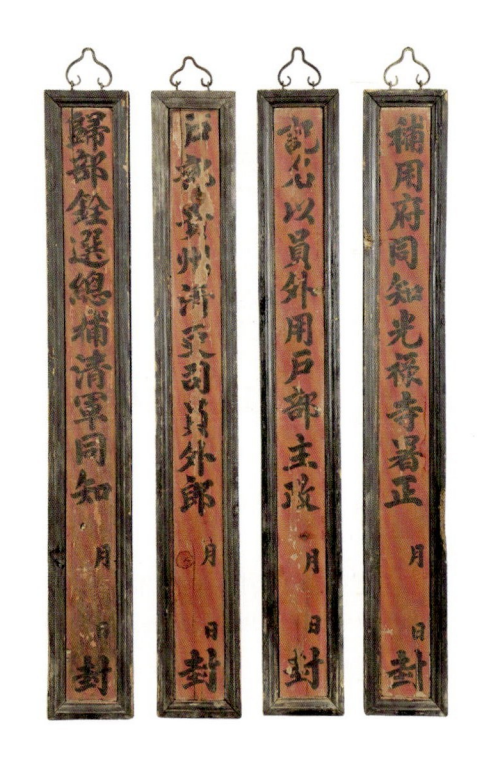

王茂荫职官漆木封牌匾

清代
长98cm 宽13.5cm

王茂荫（1798—1865年），字椿（chūn）年，号子怀，歙（shè）县人，出生于商人家庭，清朝货币理论家、财政学家，是唯一一个在《资本论》中被马克思提到的中国人。

道光十二年（1832年），王茂荫中进士，不久被授予户部主事，升员外郎。咸丰元年（1857年），他提出发行纸币的建议。他在京历任三朝，居官30年，不携眷属随任，一直独居宣武门外歙县会馆，以两袖清风、直言敢谏而声震朝野。

马克思在《资本论》第一卷第一篇第三章《货币与商品流通》标号（83）的注释写道："清户部右侍郎王茂荫向天子上了一个奏折，主张暗将官票宝钞改为可兑换的钞票。在1854年4月大臣议案中，他受到严厉申斥。他是否因此受到笞（chī）刑，不得而知。"

这四个牌匾由右向左依次为：补用府同知光禄寺署正、记名以员外用户部主政、户部贵州清吏司员外郎、归部铨选总补清军同知。

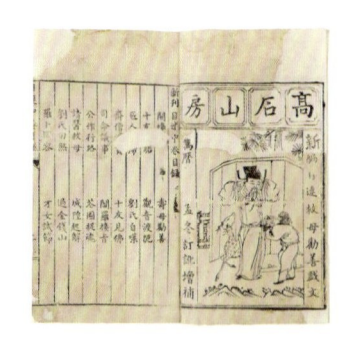

郑之珍《新编目连救母劝善戏文》

明代

宽15.6cm　高26.2cm

十日连台人不散

　　这套戏文和书板是当年徽州戏曲盛行的证物。

　　目连救母故事来源于佛教经典《佛说盂（yú）兰盆经》，因此，以宗教故事"目连救母"为题材的戏被称"目连戏"。目连戏是保存于民俗活动中的古老剧种，也是有据可考的第一个剧目，被誉为中国戏曲的"戏祖"。

　　这部戏文为明代戏剧家郑之珍编撰（zhuàn），也是由他自刻书板。书中插图反映了徽州早期版画质朴的风格，堪为"徽派版画之始祖"。

　　郑之珍，字子玉、汝席，号高石山人，徽州祁门清溪人。他改编的这部戏文共一百折，分述了三个故事：傅相敬佛济贫，得善报而升天；妇女刘氏不信佛教，得恶报而下地狱；罗卜为救母亲刘氏出离地狱，历尽千辛万苦，最终超度母亲升天。三本既可连演，也可单独演出。

　　目连救母故事在民间影响很大，有关它的戏剧也一直盛演不衰。清代乾隆年间，宫廷中专门编演了大戏《劝善金科》，演述目连救母故事。全剧长达240出，需10天才能演完，可谓创目连戏之最。

　　徽州目连戏作为徽文化的一个组成部分，其产生、发展与徽文化的发展相辅相成，反映了徽州的风土人情，有着浓郁的地方文化色彩，是我国戏曲史上的活化石，为我国第一批国家级非物质文化遗产。该书为研究我国戏曲史提供了重要的史料。

云深不知出国手

何震寿山石《云深不知处》印

明代

长4cm　宽3.5cm　高5cm

徽派篆刻由何震开宗立派。

何震（1530—1604年），字主臣，号雪渔，徽州人。他以治印为生，晚年寓居南京。当时的名家们称赞其为"集诸家之长而自为一家""两都国手""一代宗匠"。

徽派篆刻追踪秦汉，学养深厚而又个性鲜明，其代表人物，明代有何震、苏宣、朱简、汪关，清代以程邃、汪肇（zhào）龙、巴慰祖、胡唐为翘楚，晚清至民国有黄士陵、黄宾虹。

印为寿山石制。寿山石为中国传统"四大印章石"之一，因其有"石形不易变，石色不易改"的特点而成为古代文人骚客制印的最佳选择。该印刻有阴文"云深不知处"，章的顶部亦有"云深不知处"字样。

安徽文明史陈列

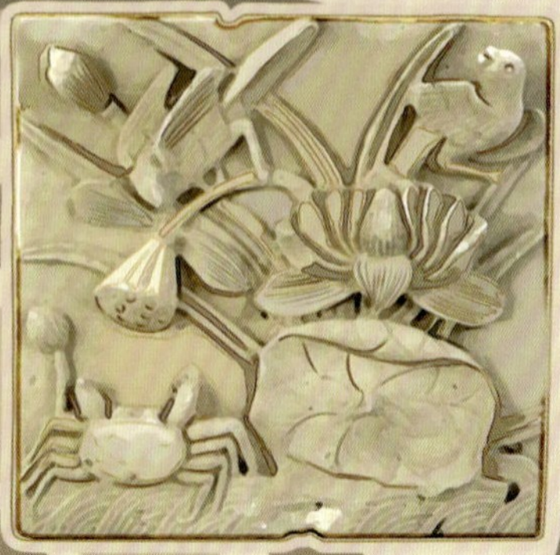
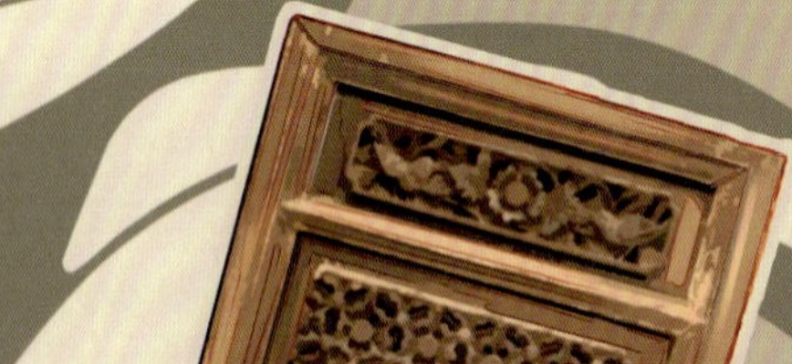

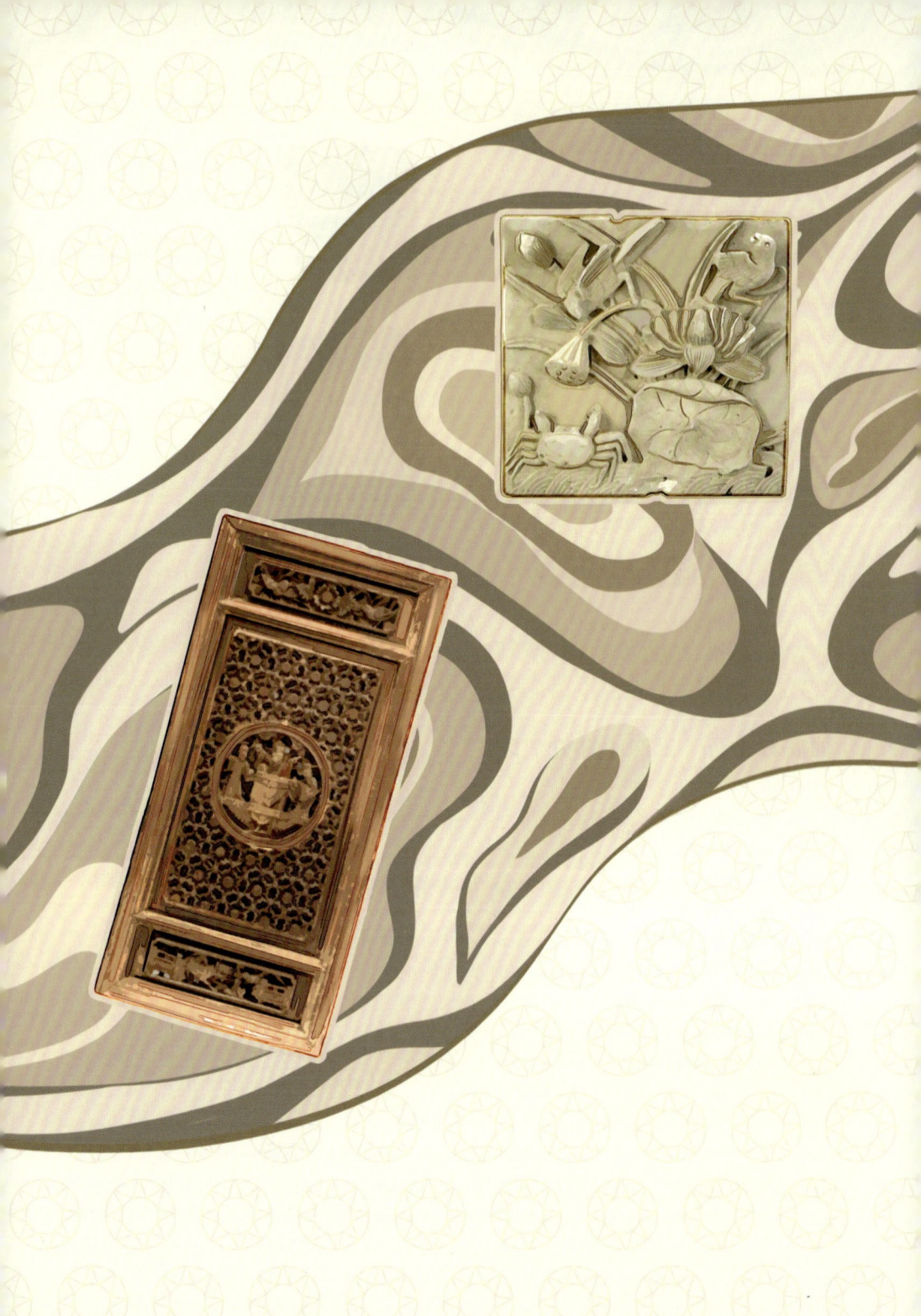

徽州古建筑

　　古徽州一府六县，境内山清水秀，独特的地理环境与历史背景孕育了内涵丰富、极具特色的徽文化。根植于徽文化的徽州古建筑是我国民间建筑的一颗璀璨明珠，具有鲜明的地域风格。

　　徽州古建筑的营造秉持"天人合一"的理念，遵循天地造化，顺应自然生态，其总体布局依山就势，空间规划结构严谨，建筑构件雕镂精湛，尤以民居、祠堂、牌坊最为典型，被誉为"徽州古建三绝"。

　　徽州古建筑以粉墙黛瓦、高脊飞檐、层楼叠院、曲径回廊、亭台水榭等景观，构建起古徽州别样的"画里乡村"，描绘出一幅幅人与自然和谐相融的优美画卷，使得人们驻足徽州古建筑之中能够"望得见山，看得见水，记得住乡愁"。

小知识：徽州文化溯源

　　徽州地区群山环抱，环境相对封闭，历代少有战乱。早在春秋战国时期，就有山越人在此伐山为业、刀耕火种。秦汉以后，中原世家大族为避战乱多次南迁，定居徽州，带来先进的技术和文化，中原文化与当地山越文化交流融合，历经秦汉至隋唐五代，逐渐孕育出内涵丰富、极具特色的地域文化——徽州文化。

　　徽州文化自宋代进入兴盛期，明清时期达到鼎盛。徽州人聚族而居、崇尚儒学、重视教育，同时又积极进取、吃苦耐劳。徽州山多田少的自然环境迫使他们外出谋生，造就了一代代徽商。徽商贾而好儒，回报桑梓（zǐ），更促进了徽州文化的繁荣。明清时期徽州文化异彩纷呈，涵盖徽州教育、新安理学、新安画派、徽州版画、徽派篆刻、徽派建筑、新安医学、徽剧、徽菜等，在自然科学、数学等领域也有诸多成就。徽州文化源于本土，却不局限于徽州，经徽州人不断发展并向外传播，已成为中华文化的重要组成部分，显示出其高度开放性和强大凝聚力。

摄影：李鹏飞

第一部分

民　居

  明清徽州民居多为砖木结构的楼房，其外部以黑白灰为基调，内部木材、砖石色泽自然，构成了简约朴素的色彩环境。民居平面布局紧凑，各"进"皆开天井，通风透光，雨水内聚，沿天井设楼沿栏杆。厅堂、厢房、门屋、回廊等围绕长方形天井形成封闭式内院。入户大门装饰有题材丰富的砖雕、石刻，屋内梁架用料硕大，门窗梁枋（fāng）雕琢精美，或施以彩绘。粉墙黛瓦、天井院落、精美雕饰等徽州民居风格的形成，与徽州自然环境、历史渊源及徽商崛起有着密切关系，也体现了徽州人尊崇程朱理学的文化理念。

民居布局

作为合院式民居，徽州民居整体上形态方正，规整有序。平面布局以"进"为基本单元，进门为前厅，中设天井，后设厅堂及厢房，沿纵向轴线延伸。徽州民居以二进较为普遍，较大的有三进、四进，甚至更多。徽州人注重传统家庭伦理，民居空间分配体现出男女有别、长幼有序的原则。总体来看，徽州民居是以天井为核心，按规模、地形、功能灵活布局的院落组合。

小知识：徽州民居布局形式

凹字形

"凹"字形，三合院式，又称三间式，是徽州民居中最为经济的一种。多为一进的两层住宅，天井位于中央，楼下明间（即外间）作客厅，楼上明间为供奉祖先神位的祖堂。两侧厢房可做卧室。天井两侧是廊庑（wǔ），楼梯设在一侧廊庑内。

回字形

"回"字形，又称"口"字形。四合院式，三间两进，前进楼下明间为门厅，楼上明间为正间，两侧厢房是卧室；后进楼下明间为客厅，楼上明间一般作为祖堂。

H形

"H"形，前后两个三合院背向型。三间两进，前后沿高墙边各有一天井。这种住宅没有门厅，正堂往往分为两个厅堂，两厅合用一个屋脊，俗称"一脊翻两堂"。

日字形

"日"字形，三间三进。第一进与第二进之间、第二进与第三进之间各有一天井，各进之间两边有廊庑相连。祖堂一般设在最后一进厅堂中。

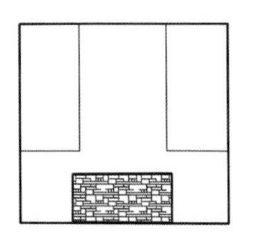

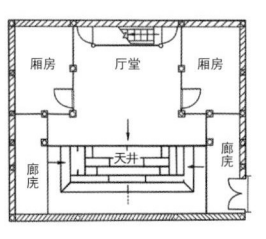

"凹"字形平面布局示意图

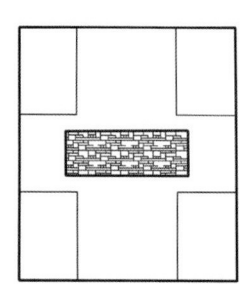

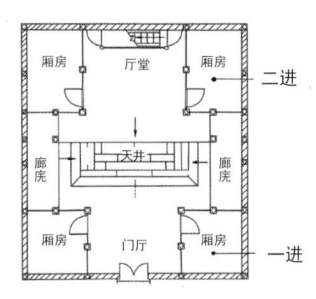

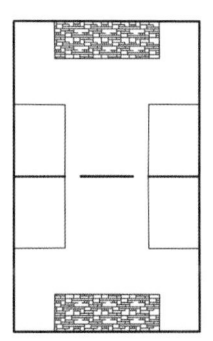

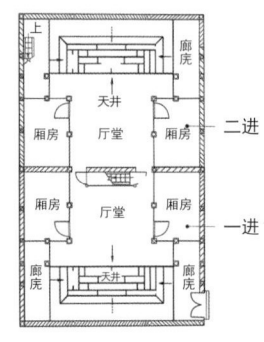

"回"字形平面布局示意图

"H"形平面布局示意图

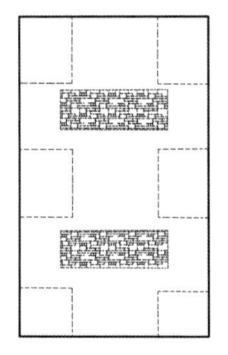

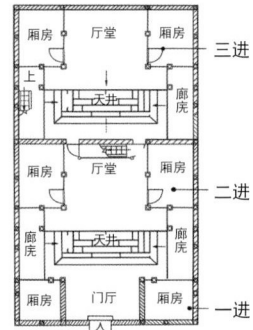

"日"字形平面布局示意图

徽州古建筑 149

民居营造

徽州人尊崇儒家文化，注重堪舆（yú）理念。在营造民居时，通常根据宅地方位和房主生辰来测算、选择大门位置及朝向；房屋的庭院厢房、门窗等内部设计多秉承"持两端而执中"的思想，追求中庸对称之美。起伏的马头墙、小巧的天井、独特的楼上楼、精致的建筑构件、和谐有序的室内陈设，皆体现出徽州民居营造中实用性与艺术性的完美结合。

马头墙

马头墙特指高于两山墙屋面的墙垣（yuán），因形似高昂的马头而得名，是徽派建筑的标志性艺术元素，由明弘治十六年至正德元年（1503—1506年）时任徽州知府的何歆（xīn）创建并推广。马头墙在相邻民居发生火灾时可封住火势，阻隔火源，故又称封火墙。

马头墙墙体高度随屋顶坡度逐层向下叠落，一般为二叠式或三叠式，较大民居因有前后厅，可多至五叠，俗称"五岳朝天"。建造时在墙顶砌筑的三线排檐砖上覆以小青瓦，并在每只垛头顶端安装博风板，其上安装座头，即"马头"，有鹊尾式、印斗式、坐吻式等多种样式。

鹊尾式马头墙

座头雕刻成喜鹊尾巴的样子，有喜事临门、吉祥如意等美好寓意。

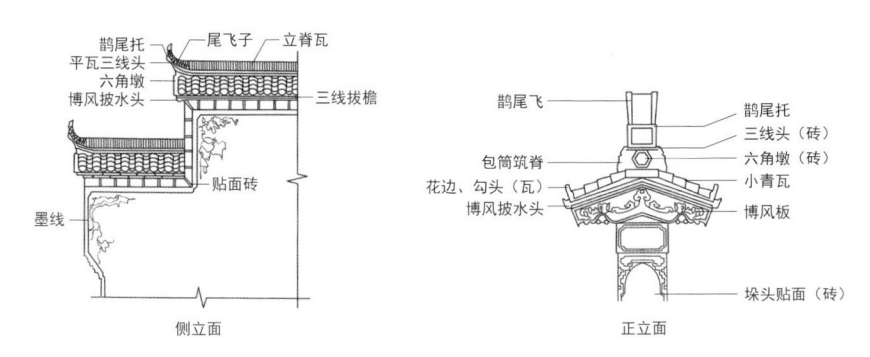

鹊尾式马头墙

印斗式马头墙

座头上端装饰有"田"或"卍"（万）字纹的方形砖，形似金印，有"金印如斗"之意，表达了房屋主人对功名的追求，激励子孙奋发读书取仕。

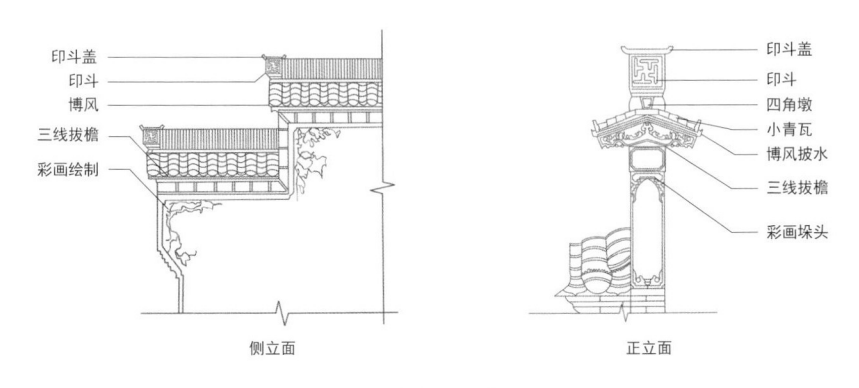

印斗式马头墙

坐吻式马头墙

座头为窑烧制成的吻兽构件，常见的有鳌（áo）鱼、天狗、哺鸡等，有祈求平安福祉、驱邪避灾之意。这类马头墙构造复杂，工艺要求较高，多用于公共建筑。

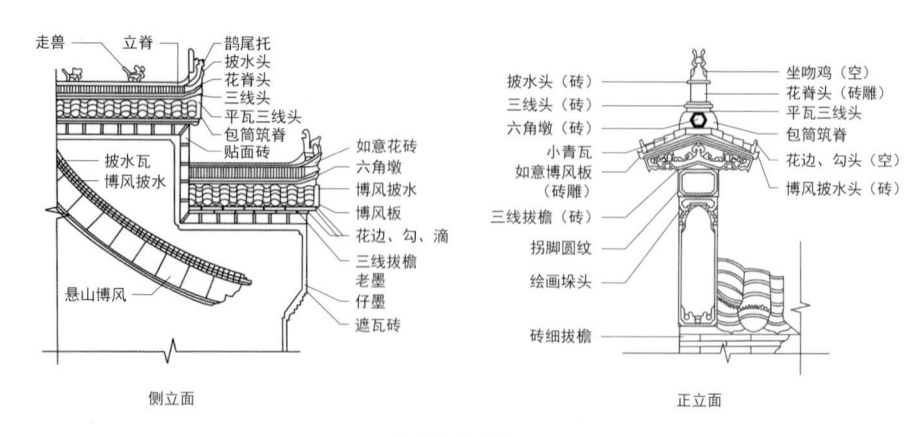

坐吻式马头墙

入户大门

徽州民居入户大门均配有门罩或门楼，既可防止雨水顺墙而下溅到门上，又起到装饰效果，是徽派建筑对"门面"的一种典型装饰方式，主要有字匾门、拱形门、垂花门、八字门、牌楼门等形式。

门罩顶部构造采用青瓦翘檐，檐下用青砖嵌砌对称而富有变化的图案。门楼更为复杂，由"楼"和"罩"两部分构成，仿照牌楼式样，用砖石做出柱枋（fāng）斗拱，上加屋檐，雕刻精美，这种门楼主要应用于官宦或富商之家。

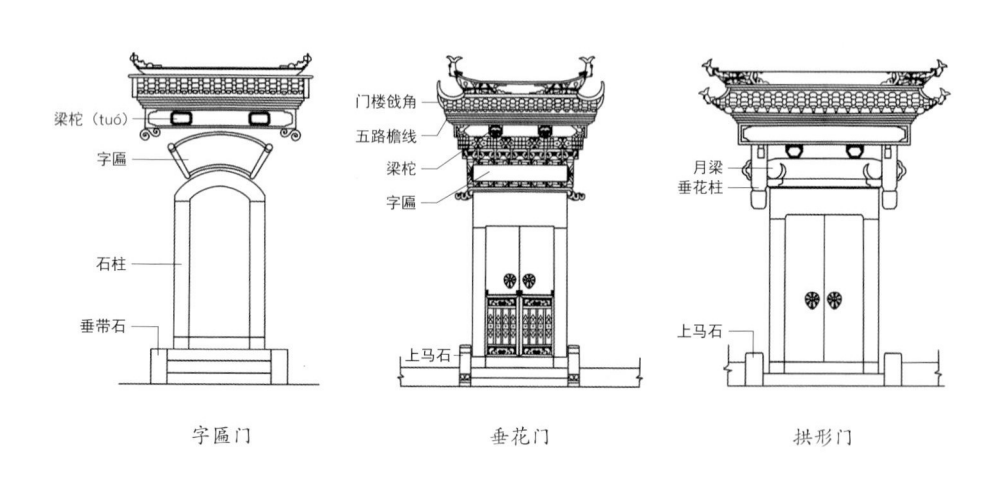

牌楼门

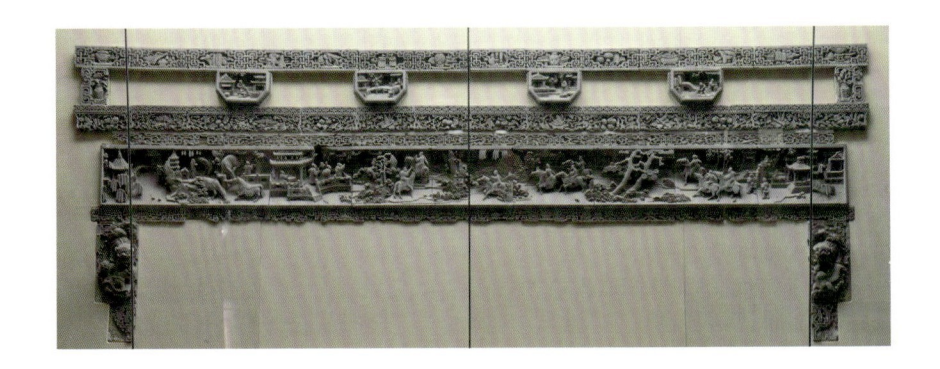

游春图人物门罩砖雕

清代
长379cm 高137cm

　　这套游春图人物门罩由78块砖雕组合而成，以几何纹为地，自上而下图案可分为六层。

　　最上层饰博古图，有博古通今、儒雅高洁之意。

　　第二层两侧为博古花瓶图案，中间分列"渔、樵、耕、读"四块砖雕。渔樵耕读即渔夫、樵夫、农夫与书生，是中国农耕社会四个比较重要的职业，代表了中国古代劳动人民的

渔樵耕读古通今

徽州古建筑　153

基本生活方式。古代人之所以喜欢渔樵耕读，大概是渔樵充满了超脱的意味，而耕读又蕴含入世向俗的道理。

第三层雕刻有瓜上枝叶缠绕、蝴蝶花丛展翅的图案，寓意"绵绵瓜瓞（dié）"。"绵绵瓜瓞"出自《诗经·大雅·绵》，其中"瓞"是小瓜的意思，绵绵瓜瓞是形容一根藤上绵延不断地结出许多大大小小的瓜，用以祝颂子孙昌盛。

第四层为"暗八仙"、仙桃、金钱、万字纹等纹饰，有长寿吉祥之意。八仙过海的故事人尽皆知，"暗八仙"指的是八仙手中各持的宝物，分别是葫芦、扇子、花篮、渔鼓、荷花、宝剑、洞箫和玉板，传说这些宝物法力无边，有逢凶化吉之作用，其被用作装饰图案，以物代人，称暗八仙。

第五层是门罩主题图案"游春图"，由一组九块砖雕构成一幅以镂雕、浮雕等技法表现游春踏青、休闲娱乐场景的长卷。游春图以春风乍起吹动池边杨柳开首，接着人物登场，主仆踏青，信马由缰，春风得意。画面以山石树木、小桥流水、宝塔亭阁为人物活动的背景，形成了"人大于山"的艺术效果。

第六层雕饰石榴、荔枝、鱼蟹、元宝、水仙、并蒂莲等吉祥纹样；底部为太狮少狮图案。

整幅门罩砖雕图案主次分明，纹饰内涵丰富，表达了徽州人对美好生活的向往之情。

小知识：民居内的空间分配

徽州人注重传统家庭伦理，在民居内的空间分配上遵循长幼有序、男女有别的原则。如在居住空间上，徽州人将长辈的房屋安排在最重要的位置，左为上，右为次。

房屋设置基本按照正屋厅堂划定中轴空间，一般最里面的院落的中间厅堂供奉祖先牌位，左边的厢房给最老的长者居住，右边的厢房给父母长者居住，离主入口最近的院落厅堂作为会客厅；其他东西厢房则以"左上、右下"的原则分给兄弟姐妹居住，男女眷一般分开居住，女儿多居住在二楼，增加了私密性和安全性。

美人靠

徽州民居多在楼上围绕天井四周设置一圈雕刻精美的楼沿栏杆。这种栏杆从外形上可分普通形与弧形两种,普通形栏杆最初造型与石栏杆相仿,后期装饰日趋复杂华丽;弧形栏杆则下置条凳,上连栏杆,栏杆向外弯曲,超出檐柱外侧,形似靠背,被称为"飞来椅"或"美人靠"。

为什么叫"美人靠"呢?古代闺中女子不能轻易出门或见客,只能倚靠在天井四周的廊椅上凭栏眺望,或窥视楼下迎来送往的客人,美人靠由此得名。

西楼的月缺了又圆,那些美人靠上,曾留下过多少蹙眉凝眸、独自凭栏的哀愁呢?

木雕美人靠

明代

长575cm　高115cm

这件美人靠形体厚重硕大,上层镂雕如意云头纹,外侧华板(栏板)皆素面,间以几何纹。不仅设计独具匠心,而且颇具实用性。其优雅曼妙的曲线设计合乎人体轮廓,在上面倚坐休息,十分舒适。

云透斜阳照楼台

徽州古建筑

门窗隔扇

隔扇又称槅（gé）扇、格扇，俗称"格子门"，是徽州建筑内部进行分隔的主要构件，广泛用于民居室内门窗中，具备良好的采光、通风、观景功能。门扇由外框、隔芯、绦（tāo）环板和裙板组成，通常为四扇、六扇、八扇、十二扇。窗扇多与窗栏板成套组合使用。

明代至清初，隔扇简朴，少雕饰，以格纹和柳条窗居多。清中期以后，隔扇雕饰日趋华丽，纹饰题材丰富，有草木花卉、山水风景、仙人瑞兽、戏曲故事、博古杂珍等图案。

斜风细雨不入户

木雕兽纹窗栏板

明代

宽86cm　高67cm

窗栏板是徽州民居特有的装饰物，俗称"槛挞（tà）衣"——意为窗户的衣服，罩在厅堂两侧内室对着天井的窗外，内室为私密空间，窗栏板实心部分恰好挡住窗外行人的视线。它既不影响采光，又可遮挡来自天井方向的斜风细雨。因其正好与人视线平齐，故徽州人对此处装饰特别重视，可谓精雕细琢，往往是整幢民居中木雕工艺最精彩之处。

　　这件窗栏板上层为镂空浮雕如意云纹，中间几何纹样嵌以夔（kuí）龙纹，下部饰鹿苑瑞草灵芝，生意盎然，有吉祥如意、健康长寿之意。

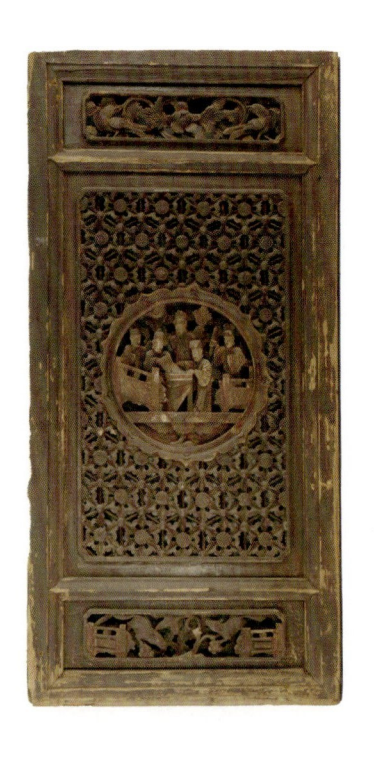

宝相花开棂扉满

戏曲人物宝相花窗扇

清代

宽49cm　高104cm

　　此窗扇顶部饰花鸟，底部为瑞兽，主体部分以镂雕宝相花为地，中心浅浮雕戏曲人物图案。宝相花是中国传统吉祥纹饰，源于佛教装饰艺术，集合了莲花、牡丹等花的特征，尤其在花芯处，以圆珠作规则排列，似闪闪发光的宝珠，富丽华美，有吉祥、美满之意。宝相花盛行于隋唐时期，隋唐以后也被广泛运用于瓷器、金银器、织物、雕刻。

冯仁镜宅

冯仁镜宅是从歙（shè）县鸿飞村整体搬迁进安徽博物院的清代民居，是一座两进三开间的砖木楼房，建筑面积约为75平方米，通高10米。体量虽然不大，但结构精致，形制规范，堪称徽州古民居建筑的"小户型精品"，被当地人称作"花厅"，木雕有八仙人物、戏曲故事等。民宅内部家居文化陈设极具特色，反映了徽州人的精致生活。

"花厅"的由来

徽州建筑的设计理念和精巧布局展现了徽州人的精明、儒雅和内敛。"有堂皆设井，无宅不雕花"。在有限的建筑空间里，利用"砖、木、石"徽州三雕的精湛技艺进行装饰陈设，使素雅的徽派建筑内花团锦簇、意趣盎然。冯仁镜宅内的梁枋（fāng）、梁柁（tuó）、隔扇、撑栱、雀替及挂落等处均有精美的木雕装饰，可谓名副其实的"雕梁画栋"，因此在当地民间又被称为"花厅"。

冯仁镜宅的建筑特点

冯仁镜宅三间两进，以天井为中心，平面布局呈"回"字形，同时中轴对称，为局部两层的单院落。楼下前进明间为门厅，两侧为厢房，进门厅一半处设有木门槛；两侧厢房面积不大，做厨房或堆放杂物所用；后进整个为正厅，无厢房，正厅上方为楼上厅；地面、天井均为青条石铺陈，天井较之前后厅地面均下沉10厘米以上，以利于排水。

天井是徽州民居的重要部分，其设计源于徽州文化中视雨水为财气的观念。冯仁镜宅的屋檐采用"前檐加披檐"的建造方式，天井上方的四面屋檐坡度皆朝向内侧，使落雨能流入天井内，即所谓"四水归堂"。天井还兼具采光通风、纳凉休憩、防火防盗的实用功能。冯仁镜宅的天井虽狭小，但其功能重要，不可或缺。

"楼上架楼"也是徽州民居的特色之一，源于土地稀缺而对建筑空间的充分利用。明代的楼上楼面积一般较大，层高、光线优于楼下，用于居住、待客或摆放祖宗牌位；至清代，阁楼空间变小，主要用作内眷居住的私密空间，楼梯的位置更加隐蔽。冯宅也有一个精巧的二层阁楼，面积约25平方米。冯宅阁楼的楼梯较为狭窄陡峭，位于正厅太师壁之后，颇为隐蔽，通过楼梯可以直上二楼。

徽州民居厅堂的陈设颇为讲究，喻意独特。按照徽州民间"东瓶西镜，终生平静"的格局，冯宅厅堂之上，摆放着条案、八仙桌和太师椅，条案上东边放有花瓶，西边摆放镜架，中间设有座钟，其寓意祈祷家人"终（钟）生（声）平（瓶）静（镜）"。座钟两侧各有瓷帽筒一只，清人戴瓜皮帽，回家便将帽置于帽筒之上，若有人来访，从帽筒便能知男主人是否在家。

冯仁镜宅的木雕艺术特色

精美的木雕是冯仁镜宅最大的艺术特色。冯仁镜宅木雕的艺术风格以清中晚期典型的徽派雕刻技艺为主，梁架等处的大木作雕刻趋于简化，而在额枋（fāng）、撑拱、梁柁（tuó）、枋下挂落、栏板、隔扇等部位的雕工极尽精巧，雕刻多采用高浮雕或圆雕，其构图巧思和精湛雕工在额枋、撑拱、梁柁和枋下挂落等处尤为出色。

"额枋",也叫"檐枋",是木结构建筑中用于连接檐柱并具有承重作用的矩形横木。冯宅正厅上方的额枋通体雕刻三国人物。画面中有赵云、张飞、关羽等,人物众多,场景纷繁,俨然一部三国故事的连环画。

撑拱,工匠师傅们称为"斜撑",一般对称出现在檐柱或廊柱上方,是明清古建筑中的上檐柱与横梁之间的撑木。冯宅有两处精美的撑拱,一处是位于正厅外檐下的一对狮子滚绣球撑拱,为典型的徽派狮雕法;另一处为门厅入天井披檐下的一对人物故事撑拱。

梁柁通常出现在冬瓜梁和上层木枋之间,能够起到力的传递作用,是江南建筑一个特有的构件。梁柁是冯宅木雕中甚为精美、雕刻人物情节最为复杂的构件。中厅梁枋间的一组四块三国人物故事梁柁,其中有"关羽挂印""武侯屯田"等故事情节。冯宅小月梁上的梁柁多为吉祥瓜果图案,取意"瓜瓞(dié)绵绵",是祝愿子孙昌盛、兴旺发达的吉祥图案。

挂落是汉族传统建筑中额枋下的一种构件,常用镂空的木格或雕花板做成,用作划分室内空间,也可作装饰。冯宅的中枋下挂落,通体透雕变形龙纹、花卉、云头,中间开光内浮雕一组八仙人物,生动传神。浮雕造型均为四季花果或吉祥图形,配以神态各异的八仙人物,使整组雕刻观之颇具吉庆喜气的民间风格。

徽州古建筑

第二部分

祠 堂

"追远溯本,莫重于祠。"祠堂作为徽州村落中的核心建筑,是家族祭祖和议事、教化的场所。南宋朱熹(xī)《文公家礼》构建了宗族祠堂规模与制度的雏形。明嘉靖年间(1522—1566年),朝廷允许民间联宗立庙,徽州祠堂开始兴盛。徽州祠堂多位于村落中轴线,建筑风格庄重威严,以三进五凤楼式砖木结构为主,仪门、享堂、寝殿层次清晰,职责分明。祠堂构架硕大雄伟,步架规则一致,建筑构件多为"徽州三雕"精品,大气繁复却不失朴素自然。这些气势恢宏、装饰精美的祠堂承载了宗族文化的内涵,体现了徽派建筑艺术之美。它们既是徽州宗族与社会繁荣发展的缩影,又是徽州深厚文化底蕴的外在表现。

徽州宗族制度

徽州地处皖南山区，相对封闭的自然环境、中原移民的迁入、程朱理学的影响和徽商的崛起，促进了徽州地区宗族社会的形成。徽州人以血缘为纽带维系宗族关系，以昭穆世次为序祭祀祖先，以族规家法为准则管理族人，形成了"千年之冢（zhǒng），不动一抔（póu）；千丁之族，未尝散处；千载之谱系，丝毫不紊；主仆之严，虽数十世不改"的宗族制度。

没忘先祖遗嘉训

章仔钧夫妇子孙容像

明代

宽102cm　高158cm

　　容像即肖像画。徽州容像多是晚辈为年迈父母或逝去先人所绘，以便祭祀、瞻仰之用。其始于唐宋，盛于明清。徽州容像构图样式大体可分为单人像、双人像、群像等，以单人构图最为常见。容像造型结构准确，逼真传神，尤以脸部造型为佳。

子孙无忧乐余年

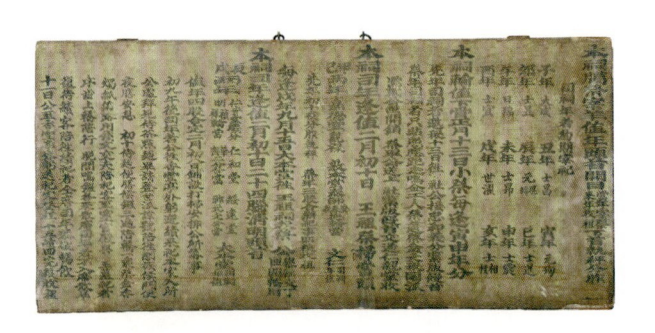

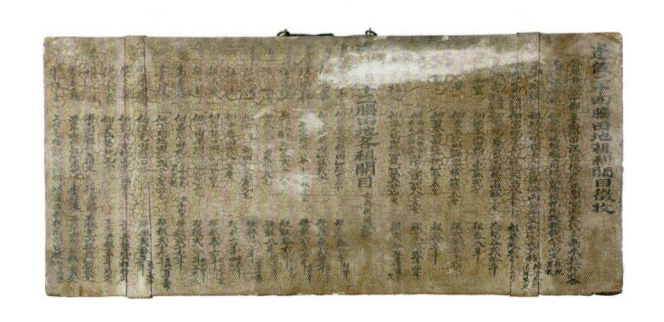

乾隆祠堂收租牌

清代

宽61.5cm　高27.1cm

  这两块是徽州地区乾隆年间的祠堂收租牌。每块皆正反两面，一面记录宗族祠堂轮值人选和具体年份，以及祭祀相关事项；另一面记载了祠堂祀地收租情况，并详细记录了每人租地的数目和租期。

  先祖分家时，会划出一部分田为其子孙共有，即为宗族的"公田"或"祠田"。公田的地主是共有的祖宗，而非某一个人。因田产不怕水火，也不担忧盗贼，因此公田出租的租金，便是供给祠堂存续最主要的经济基础。

徽州古建筑　　165

朱漆金粉供祖先

"荥（xíng）阳堂"牌位座屏

清代

宽45cm　高65cm

供奉祖宗牌位的座屏，座屏有中空夹层，牌位内插于其中。"荥阳堂"是徽州郑氏祠堂的堂号。

祠堂建筑艺术

祠堂是徽州一村一族最重要的公共建筑，威严肃穆，结构严谨，主要分为统宗祠、宗祠、支祠和家祠。空间布局上多为三进五开间或七开间，创新采用抬梁穿斗混合式结构，梁柁（tuó）、撑拱、雀替等建筑构件雕琢精美，部分还施以彩绘。厅堂内悬挂楹（yíng）联牌匾，起到了教化族人、彰显宗族精神的作用。

石狮

明代
高140cm

王者立户凛然风

石雕狮子主要立于祠堂或民宅大门前，以显威武之气。

这件石狮体态健硕，双目圆睁，颈部装饰项圈和响铃，前爪捧绣球，显得喜庆而又有朝气。

狮子有王者之风，因此，守门石狮成为权贵的象征，古代官府和大户人家喜欢门前摆放石狮来显示其等级和身份地位；狮子又是威严的代表，是正气的象征，所以门狮还有镇宅驱邪之意。

此外，狮子有丰富的吉祥寓意。如，门前石狮一左一右，有成双成对之意，其中母狮脚下有一幼狮，寓意家族兴旺、子孙绵延；"狮子戏绣球"，公狮子为阳，绣球为阴，寓意生命的繁衍；大狮子和幼狮同时出现，有"太狮少保"之说，寓意官运亨通，步步高升。

徽州古建筑

帝王之师耀门庭

"经筵（yán）讲官"匾／"太子少保"匾

清代

"经筵讲官"匾，长174cm　宽90cm

"太子少保"匾，长173cm　宽92cm

　　经筵是指汉唐以来帝王为讲经论史而特设的御前讲席，宋代凡侍读、侍讲学士等官均称经筵官。明清定制，以实际为帝王进讲之官为经筵讲官，由翰林出身之大臣兼充。经筵讲官的称号是帝王对臣子学识、品行的高度肯定。

　　两匾分书"钦授内阁学士兼礼部侍郎曹振镛（yōng）兼衔经筵讲官大清嘉庆八年十二月""钦授工部尚书曹振镛加衔太子少保大清嘉庆十二年四月"。

　　曹振镛（1755—1835年），字俪笙，歙（shè）县雄村人。乾隆四十六年（1781年）进士，历任学政、武英殿大学士、军机大臣兼上书房总师傅，太子太师太傅，赐画像入紫光阁，列次功臣之首，宗族引以为荣。

梁上小月洒瑞光

木雕鸟兽花卉小月梁

清代

长157cm　宽41.5cm　厚12.5cm

　　梁是中国建筑框架中最重要的组成部分之一，起着支撑建筑上部框架和屋顶重量的作用。中国北方的木梁外形多平直、简洁；而在崇尚精巧秀美的南方，梁则被做成弧形，因状如弯月，故名月梁，其中较为粗短的又称"冬瓜梁"。此梁木既可承受更多压力，又极具视觉观赏性，是徽州建筑梁的主要样式。

　　此月梁雕刻"麒麟喜鹊"图案，寓意天下皆春，福瑞将至，反映出徽州建筑实用性与艺术性的完美结合。

梁间有戏压力散

木雕三国人物梁柁（tuó）

清代

长75cm　宽48cm　高53cm

　　梁柁，又名柁墩，位于梁枋（fāng）之间，起着承接上下、分散压力的作用，主要包括几何形、斗拱式、基座式三种基本类型，是江南建筑一个特有的构件。梁柁体积一般较大，因此成为人们雕刻装饰的对象。

　　这件梁柁表现的是"赵子龙单骑救阿斗"的场景。赵云怀抱阿斗，与曹军大将张郃（hé）战于长坂坡，曹操在景山观战，人物主次分明。

徽州古建筑

资财万贯撑大梁

木雕刘海戏金蟾（chán）撑拱

清代

高95cm　宽37cm　厚20cm

　　撑拱，俗称"牛腿"，也叫斜撑，是用于支撑屋顶外挑木和外檐檩的构件，下端位于柱身，上端支在挑头梁下，保证了建筑结构的完整性，也增加了装饰效果。

　　刘海戏金蟾的故事在民间广为流传，北宋词人柳永有"贪看海蟾狂戏"之句。传说刘海之父是贪官，阎罗令其变为蟾蜍，逐之秽海。刘海学道法救父，铸金钱系线绳抛入海中，其父遂被救出。又传刘海戏蟾，蟾吐金钱，施舍穷人。久而久之，刘海成为撒钱使者，寓意祈祝发财。刘海戏金蟾也成为中国传统寓意纹样。

徽州祠堂典范

徽州祠堂保留至今近千座，其中不乏代表，如罗东舒祠、胡氏宗祠等。这些祠堂空间开阔，布局有序，宏伟壮观，柱梁门窗精雕细琢，凸显了祠堂的庄重威严及艺术之美，不仅是徽州宗族文化的有形载体，更是徽州社会经济、风土人情及建筑艺术的重要参照。作为徽州祠堂的集大成者，它们在中国建筑史上留下了浓墨重彩的一笔。

> **小知识：祠堂布局空间**
>
> 　　除少数家庙和祠堂外，多数祠堂为三进五凤楼砖木结构。三进一般指祠堂的三大主体空间，即仪门、享堂、寝殿。
>
> 　　五凤楼是祠堂大门的屋顶装饰，五对檐角，两两对称，飞檐翘角，似凤鸟展翅，取"有凤来仪"和"五凤朝天"之意。

五凤楼立面图

呈坎罗东舒祠

　　罗东舒祠坐落于黄山市徽州区呈坎村，全称"贞静罗东舒先生祠"，始建于明嘉靖年间，至万历年间落成，由罗氏三代历经数年完成。祠堂坐西朝东，四进三院，包括照壁、棂星门、前天井、两座碑亭、正门、廊庑、大庭院、正堂、后天井、寝殿及南侧女祠、北侧厨房杂院。建筑面积3300余平方米，主体建筑为"宝纶阁"。

　　祠堂规模宏大，建筑完整，雕刻工艺精美、特色鲜明，牌匾内容丰富，建筑艺术、人文艺术价值极高，被后世称为"江南第一祠"。

第三部分

牌 坊

　　牌坊是中国特有的纪念性建筑。在古徽州，牌坊深受程朱理学的浸染，与徽州三雕的艺术形式结合，被赋予了深刻的文化、社会和历史内涵。明清两朝不仅是徽文化发展的辉煌时期，亦是徽州地区牌坊兴建的鼎盛期。明代徽州牌坊形制多柱不冲天，风格简朴大方，装饰多采用浮雕或单层浅圆雕，强调造型对称，讲究装饰趣味；清代则多冲天柱式，风格较为细腻繁丽，愈加精雕细刻。有着"牌坊之乡"美称的徽州，曾有过1000余座牌坊，今尚存100多座。一座座恢宏壮观的牌坊于古村落间层叠错落，巍然屹立，成为徽州地区一道独特的人文景观，在表现建筑艺术之外，也体现着徽州人崇儒尚理的道德观念。

认识牌坊

　　牌坊是一种门洞式的纪念性建筑物,一般用木、砖、石等材料建成,上刻题字。旧时多建于庙宇、陵墓、祠堂、衙署和园林前或街道路口,多为表彰功勋、科第、德政及忠孝节义所立。徽州牌坊与祠堂、民居合称为"徽州三绝"。牌坊作为中国古典建筑的代表,除了本身所蕴含的深厚历史文化外,还体现了徽州古建筑的杰出成就和艺术价值。

随着历史的发展和进步，牌坊经历了从门式牌坊、标志性牌坊再到纪念性牌坊的发展过程，其功能由物质层面逐渐转向精神层面。徽州牌坊从功能方面主要分为功德坊、节孝坊、忠义坊、仕科坊等，或纪念，或表彰，或祝福，或颂扬，寄托着徽州人丰富的情感，更彰显了徽州历史文化的博大精深。

八角牌坊封元老

许国石坊（模型）

长235cm　宽140cm　高234cm

许国石坊，又称大学士坊，位于歙（shè）县徽州古城中，建于明万历十二年（1584年），共八根方形石柱，俗称八脚牌楼。高11.4米，东西宽6.77米，南北长11.54米，占地面积78.13平方米。石柱上以榫卯（sǔn mǎo）结构的方式联结梁枋（fāng），规模宏大，结构严谨。楼为悬山顶，侧面楼顶两端饰有吻兽，外额枋四面分别雕刻"威凤祥麟""鱼跃龙门""飞龙在天""鹤寿千岁"。

许国石坊的雕刻艺术巧夺天工，令人叹为观止，是研究明清时期徽州地区社会经济、文化的珍贵实物资料。

许国，字维桢（zhēn）（1527—1596年），皖南歙县人，自1565年中进士踏入仕途，为政时间跨越嘉靖、隆庆、万历三个朝代，被称为"三朝元老"。万历十二年（1584年）九月，因云南发生动乱，许国决策有功，被赞为"协忠运筹，茂著劳绩"，晋少保，封武英殿大学士，受到"加恩眷酬"，故建坊。

牌坊构造

　　徽州牌坊主要由立柱、夹柱石、额枋、楼等部分组成，多装饰有雀替、题字牌、龙凤榜、花板、斗拱、吻兽等构件，总体布局自然得体，空间结构严谨，造型丰富。作为明清时期徽州具有代表性的建筑类型，徽州牌坊反映出强烈的地域审美倾向，散发着独特的艺术魅力。

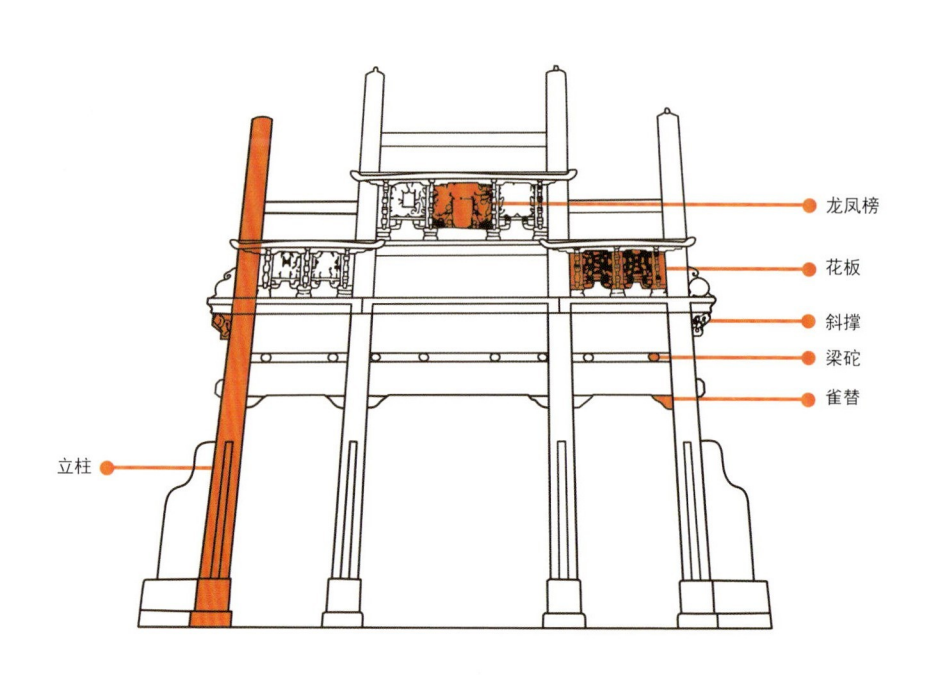

● 龙凤榜
● 花板
● 斜撑
● 梁砣
● 雀替
● 立柱

怒目倒挂稳柱石

石雕倒挂狮子夹柱石

清代

长72cm　宽21cm　高66cm

在中国的传统建筑中，夹柱石是一个不可或缺的角色。

这对夹柱石主要是在牌坊立柱上，用于加固、稳定牌坊立柱。雕刻的狮子呈俯冲之势，怒目圆睁，形象生动。

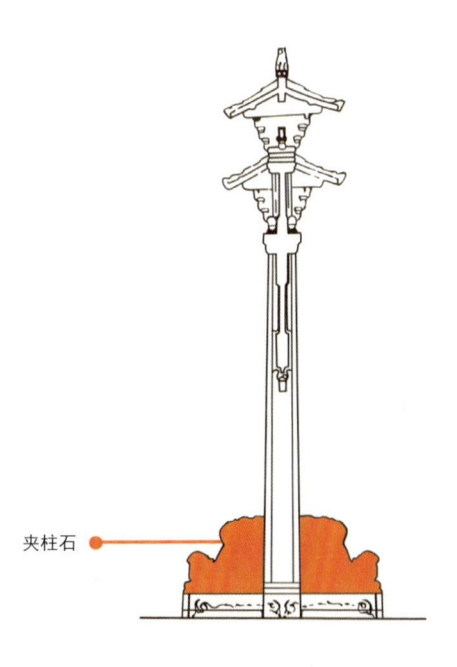

夹柱石

紫绶金章立功勋

绶（shòu）带狮纹石坊

明代

长104cm　宽35cm　厚38cm

　　狮子采用高浮雕雕刻技术，矫健生动，怒目而视，威刚凛凛正在戏舞绶带。雕刻的绶带富有装饰性，整体符合官府表彰牌坊坊主的主题。

龙凤标榜显祖德

石雕恩荣龙凤榜

明代

长69cm　宽47cm　厚11cm

　　"恩荣"是指皇帝下诏表彰，是中国封建社会皇帝对某些成员及家族的褒奖，目的是通过重君恩来彰明祖德。

　　龙凤榜多位于牌坊主楼檐下和顶坊之上的正中处，上书"圣旨""恩荣""敕建""御制"等，因文字周边雕满龙凤图案，故称"龙凤榜"。龙凤榜上的雕刻文字，体现了石牌坊的等级。

第四部分

"三雕"

  徽州木雕、石雕、砖雕合称"徽州三雕",是徽州匠人历经长久实践而创造的独特建筑造型语言,主要用于民居、祠堂、牌坊、园林等建筑装饰。木雕的撑拱、雀替、梁砣(tuó)等均起到支撑作用,造型多样,图案内涵丰富;石雕多用于基座、围栏、漏窗、石阶、牌坊等建筑物的装饰,种类繁多,古朴大方;砖雕主要用以装饰门楼、门罩、屋檐、屋顶、漏窗等,题材广泛,寓意深远。

  徽州"三雕"艺术源于深厚的徽文化,是徽州人文积淀、徽商经济发展及徽州人审美意识的集中体现,其精美的绘画图式、精湛的雕刻技艺、深刻的文化寓意,带给了人们独特的文化艺术体验。

文化寓意

徽州"三雕"纹样题材广泛,寓意深刻,涵盖了人伦教化、福瑞祥和、吉祥寓意、自然生态、田园生活等诸多题材,体现了徽州人对仁、义、礼、智、信等儒家伦理观念的尊崇,对美好生活的憧憬和向往,以及对美丽家乡的热爱之情。"三雕"艺术既体现了徽州人的生活理想、社会观念、文化心理和审美情趣,又深刻反映出徽州文化的博大精深。

儒家伦理

徽州人崇儒重理,"三雕"艺术烙印着儒家文化的印迹,如忠孝节义主题中的二十四孝、杨家将、九世忠臣、乌鸦反哺等,中庸主题中的百忍等,展示和宣扬了仁、义、礼、智、信等道德观念,凸显了徽州人以儒家伦理教化后人的理念。

百忍堂图砖雕

清代

长31cm　宽20cm　厚6cm

  堂中人物正在观看条幅上一"忍"字，画面刻划了唐代"公艺百忍"的故事，倡导家族成员之间"忍"的和睦之道。

  "百忍"故事出自《旧唐书》，张公艺是古代著名寿星，郓州寿张（今山东阳谷县寿张镇）人。他正德修身、礼让齐家，家族九辈同居，合家九百人，和睦相处，是治家有方的典范。

  据记载，唐麟德二年（665年），唐高宗率文武大臣赴泰山封禅，銮驾路过寿张，听闻张氏九世同居，受过旌表，因此慕名访问。高宗问张氏为何能九世同堂，张公艺书写了上百"忍"字作为回答，高宗很是感动，赐绢百匹。

厚德百忍合家睦

百里负米图砖雕

清代

长24cm　宽13.8cm　厚4.3cm

　　砖面雕刻了《二十四孝》中《百里负米》的故事，画面中一对老年夫妇，面带笑容，立于低矮而简陋的瓦屋门前，迎接前来送米的男子，其中年迈的老者手持拐杖，向远处眺望，老妇人作疾走状，双手迎接。年轻男子背负米粮，身后以青山翠松作背景。此图以精湛的雕刻技艺，向人们展示了徽州人敬宗睦族、以孝为先的传统美德。

　　《二十四孝》全名《全相二十四孝诗选集》，由元代郭居业编录，记载了我国家喻户晓的民间故事。其中故事大部分取材于西汉时期刘向所编辑的《孝子传》，成为儒释道家的通俗读物。

　　《孝经·开宗明义》篇中讲："夫孝，德之本也。"孝是中华民族的传统美德。古语云："百事孝为先。"汉字"孝"的构成，上为"老"、下为"子"，意思是子能承其亲，并能顺其意。

敬宗睦族孝为先

飞鸟反哺秋云厚

木雕鸟纹雀替

清代

长35cm 高12.5cm 厚16cm

　　徽州的豪门大族，注重在建筑中融入教化功能，木雕中就有不少弘扬优良家风和传统道德的场景。

　　中国自古有孝老敬老的传统美德。此画面取自乌鸦反哺的故事，刻画了一只鸟觅食归来将食物喂到另一只鸟的口中，雕刻画面栩栩如生，亲切动人。

　　雀替与撑拱在功能上类似，区别是：雀替在柱子两侧，即沿房屋的面宽方向使用，用以支撑额枋（fāng）；撑拱大多是在柱子前端，沿房屋进深方向使用，用以支撑和挑檐。

福瑞祥和

徽州"三雕"中有较多祈福求祥的祥禽瑞兽、植物纹样等，以此表达人们对"福禄寿喜"的期盼，如福禄寿象征着幸福、吉利和长寿，云彩象征祥瑞，天禄、麒麟、仙鹤、凤鸟表示美好，暗八仙代表平安福祉等。这些福瑞祥和的文化符号，反映了徽州人对美好生活的向往和对阖（hé）家幸福的追求。

梁下鹤鹿奉春寿

鹤鹿同春撑栱

清代

高69cm　宽33cm　厚13cm

古时古人称鹿为瑞兽，鹤为仙禽。鹤、鹿有寓意"禄寿"，有祝福庆寿之意，又如中国传统吉祥纹样"鹿鹤同春"，"鹿"与"陆"谐音，"鹤"与"合"音同，故又有"六合同春"之说，六合指天地四方，泛称天下，"春"取意花卉、松树、椿（chūn）树等，这些元素组合起来构成"六合同春"吉祥图案，寓意天下皆春，万物欣欣向荣，展现了春满乾坤，万物滋润的美好景象。

徽州古建筑

十鹿图石雕

清代

长265cm　宽60cm　厚12.5cm

　　十鹿图石雕为浅浮雕，十只形态各异的麋（mí）鹿嬉戏于深山丛林。

　　龙、麒麟、鹿、凤鸟、仙鹤等仙禽瑞兽，均是古人信奉崇拜的吉祥物。这些仙禽瑞兽的形象相互组合，具有不同的寓意。仙禽瑞兽图案在徽州古建筑中比较常见，如木雕撑拱、梁柁（tuó）、额枋（fāng）、隔扇门、砖雕门罩、门楼等，代表了徽州人对美好生活的期许和祝愿。

万物滋润天下春

吉祥寓意

徽州人十分重视后代繁衍生息和子孙的读书教育，期望子嗣（sì）兴旺，后代读书入仕、升官进爵，从而实现家族昌盛、光耀门楣的美好愿望。"三雕"艺术中表现子孙绵绵、读书及第等吉祥寓意的图案较为普遍，如魁星点斗、鳌（áo）鱼吐水、鲤鱼跳龙门等寓意金榜题名、登科及第，喜鹊登梅寓意喜事连连、喜上眉梢，玉堂金马、大小狮子象征高官显贵，瓜、百子代表子孙绵绵、后代兴旺等，这些吉祥的寓意表现出徽州人对子孙后代长盛不衰的殷殷期盼。

鲤鱼化龙金榜题

鲤鱼化龙纹砖雕

清代

长39cm　宽30.5cm　厚6cm

中国古代有鲤鱼跳过龙门，就会变化成龙的传说，传递出人们希望金榜题名、升官发财、飞黄腾达的愿望。

此砖雕刻画了两条鲤鱼腾跃而起，其中一条头部已经化成龙头模样，空中伸出的龙头威严地目视下方，鲤鱼化龙的画面感十分强烈，给人一种即将金榜题名的紧张感。

民俗风情

徽州地区淳朴、善良、守礼的民风，使得徽州人形成了"海纳百川，有容乃大"的高尚品质，造就了徽州多元的民俗文化。徽州"三雕"中刻画有老人教化、客到徽州、梅竹君子、江湖艺人、画眉夫妻、官宦居家等人物和场景，揭示了徽州普通百姓的生活情趣、生存智慧，体现了人世间的友情、亲情、爱情等美好情感。

画眉夫妻砖雕
清代
长31cm　宽21.5cm　厚6.5cm

此砖雕刻了女子在庭院梳妆，头戴方巾的男子认真给妻子画眉，送茶的侍者回避不及而却步。这是汉代张敞为妻子画眉的典故，表现了温馨美满的夫妻之情。

君画娥眉惹人羡

客到徽州图砖雕

清代
高30cm　宽42cm

此图案中远客骑马来访，路边问询孩童，童子指认门厅；宅第中楼上楼下吟诗声琅琅，亭内一雅士抚琴弹奏，琴声悠扬。两幅画面刻画的徽州建筑与人文环境相得益彰，表现出古徽州日常的社会生活状态。

美好徽州迎客来

自然生态

徽州山水秀美，景色宜人，丰富的动植物资源造就了多姿多彩的自然生态，是人们取之不尽、用之不竭的艺术创作源泉。徽州"三雕"中有大量的动植物图案，鸟兽、花卉、鱼虫等同处于一片天地，既体现了徽州多样化的自然环境，又表现了徽州地区万物和谐共生的生态之美。

和谐美满叶摇风

"荷蟹"图砖雕

清代

长35cm 宽35cm 厚7.5cm

此图为池塘写实之景，风摇绿叶，荷花溢香，螃蟹与小鸟栖息其间，生意盎然。"荷蟹"与"和谐"谐音，寓意家庭和谐美满。

枝头硕果引祥禽

荔枝来禽砖雕

清代

长29.5cm　宽14.5cm　厚7.5cm

　　此砖雕刻的荔枝枝肥叶大，沉甸甸的果实压弯了枝叶，吸引了禽鸟落于枝头觅食。整体雕刻细腻、形象生动。

　　荔枝代表健康长寿、生机勃勃。荔枝和禽鸟一起，寓意大吉大利、硕果累累。

江淮撷珍

"器以载道"是中国传统造物的意境。古人运用巧思善工,因材施艺,并将思想境界、文化理念融入器物制造中,达到实用性与审美性的和谐统一。

安徽襟江带淮,自古人文昌盛、经济繁荣,文物资源丰富,古代工艺品种类繁多。它们或璀璨夺目、千文万华,或古朴庄重、温润优雅,历

经岁月洗礼，依然散发着耀眼的光彩。为此，我们穿越千年历史长河，撷（xié）取馆藏文物珍品，于方寸之地，再现其精妙至美。希冀观者在欣赏文物独特造型、华美纹饰、绚丽色彩的同时，领略其所承载的文化内涵、时代风格和审美情趣，一窥古代工匠巧夺天工的精湛技艺，感受中华文明的经典与传承。

天圆地方通天地

玉琮（cóng）

新石器时代
上边长7.8cm 边长6.8cm 高40cm
安徽合肥肥东县刘岗村出土

　　玉琮外方内圆，蕴含古人天圆地方的思想。它的主要功能是沟通天地、祭祀神明，或作为玉殓葬的用具，被摆放在尸骨周围。小型玉琮可作佩饰，有学者称其为"琮形管"。

　　玉琮流行于新石器时代晚期至夏商周时期，延续了约3000年，多出于墓葬。良渚古城遗址玉琮出土数量最多，也最具特色。

　　这件玉琮色泽青白，形体高大，四角分别琢横向凹槽，将琮自上而下分为15节，每节又以四角为中轴，在相邻两面刻对称且长短不一的三道凸横棱，应为简化的神人兽面纹。此玉琮具有良渚文化晚期玉琮的典型特征。

青铜跪跽（jì）俑

春秋
宽10.4cm 高15cm
安徽黄山屯溪弈棋机场3号墓出土

这一组青铜俑，眉眼清晰可辨，表情庄重虔诚，它们膝跪地、臂高举、掌向前，正作跪拜之姿。俑双耳有穿孔，头顶梳高髻（jì）；跪坐姿势相同，均是大腿收紧、两小腿的前面并排着地，臀部坐在脚跟上，上身挺直。该俑全身丰腴，赤体无饰。"跽"，字义为双膝着地、上身挺直。

俑的发髻上有一长条形或三角形穿孔，研究人员推测这四个青铜俑是某种大型器物的附属构件，穿系固定在一件或多件器物上，在进行重大礼仪活动时使用，是研究先秦时期祭祀等礼仪活动的重要实物遗存。

跪拜礼原是商朝的传统礼仪，用于供奉祖先、祭祀神天、宾主相见等场合；周人将其完善规范，形成了系统的礼仪制度。《周礼》把跪与其他肢体动作结合所形成的礼仪动作称为"拜"，规定凡拜必跪，并将"拜"分为稽（qǐ）首、顿首、空首、振动、吉拜、凶拜、奇拜、褒拜、肃拜等九种。稽首是拜礼中最恭敬的礼节，通常是臣子拜见君父、祭祀神灵祖先、晚辈拜见长辈之礼，动作为：双膝跪地，拱手下至膝前地上，头也缓缓叩至地上，头在地需稍作停留。

以奉先祖附大器

束绢形青玉饰

春秋
长2.5cm　宽2cm
安徽寿县蔡侯墓出土

青玉似作丝绢束

　　蔡侯墓的墓主是春秋末期蔡国国君蔡昭侯申，墓中出土文物584件，有青铜器、玉器、金叶、漆器等，其中青铜器486件，且有铭文者较多，是春秋末期的标准铜器群；玉器51件，为成组的佩玉和玉饰件。

　　此玉饰色泽青润，两侧各有两处小凹槽，每处凹槽与背面相对应处对钻穿孔，用于穿系连接，应与其他珠玉饰件组合穿缀佩戴于脖颈。

小知识：蔡国

　　蔡国是西周初年分封的姬姓小国，势力范围在今河南、安徽交界一带。春秋时期吴楚争霸，蔡盘桓（huán）于吴、楚两大国之间。蔡昭侯十三年（前506年）蔡国联吴伐楚，攻破楚国都城郢（yǐng）。楚昭王复国后，于蔡昭侯二十六年（前493年）讨伐蔡国，蔡侯向吴国求援，吴出兵救蔡，并把蔡国都城从新蔡（今河南新蔡县）迁到州来（今安徽凤台县，又称"下蔡"）。公元前447年蔡国被楚所灭。自蔡国迁都州来后，君主父子相传，历五世而亡。

云端神鸟擎朱盘

描金彩绘云气纹朱雀攫（jué）蛇漆豆

战国

长20cm 宽14cm 高20.8cm

安徽天长出土

豆是盛食器，新石器时代就有了陶豆，上部为浅盘或钵（bō）形，高柄、高圈足。商周时期流行青铜豆，豆不仅是生活实用器，也是祭祀、宴饮等礼仪场合的常用礼器。漆豆在商周也甚为流行，并持续至汉代，在造型、色彩、图案等装饰手法上更为生动多样。

此漆豆上部为腰圆形浅盘，盘外壁以黑漆为底色，绘红色云气纹，内壁以红漆为底，饰金色云气纹；盘下为一只振翅欲飞的朱雀，雀首仰起，目视前方，口中衔一颗椭圆形珠丸，雀身以红黑相间漆色描绘出鳞羽的层叠之感；雀爪攫蛇，巧妙利用蛇曲身盘蜷之状制成漆豆底座。

朱雀是古代神话传说中吉祥、勇武的神鸟，形似凤凰，朱雀、玄武、青龙、白虎合称"天之四灵"，分主南、北、东、西四个方位。

此漆豆造型为战国楚器风格，楚人崇尚凤鸟，认为凤是通天神鸟，可接引灵魂升天，常将凤鸟等神兽形象融入器物制作中。

江淮撷珍 197

席地而坐镇四方

铜鎏（liú）金熊形席镇

汉代
宽4.6cm 高5cm
安徽合肥出土

　　席镇，即压在席角之物。
　　魏晋以前，人们皆席地而坐，即坐在铺于地面的草席之上，为避免落座、起身时使席子移位或折卷席角，特作席镇压于草席四角。
　　席镇在春秋战国时就有实物遗存，至西汉时期，镇的使用及制作都达到鼎盛，材质造型多样，有虎、豹、羊、鹿、熊、龟、蛇、凤鸟、辟邪及人物等造型，有铜鎏金、嵌贝、错金银等工艺，制作精美，生动精巧。隋唐以后，随着坐具和服饰的变化，席镇渐渐退出历史舞台。
　　这两件席镇为铜鎏金材质，小熊昂首张口，两耳竖起，前肢上举，手掌微张，后肢弯曲蹲坐在地，憨态可掬。

夏日轻风过荷塘

越窑青釉荷叶口碗

唐代
口径13.9cm 底径5.7cm 高5.1cm
安徽合肥肥西县出土

　　越窑即越州窑，窑场分布于今浙江绍兴、上虞（yú）、余姚等地，以烧造青瓷为主。唐、五代是越窑的鼎盛期，代表了当时青瓷最高水平，越窑瓷器釉色精美，造型也富于变化，越窑碗除传统造型外，更有荷叶形、海棠式、葵瓣形等创新造型。唐代茶圣陆羽在《茶经》中将越窑碗奉为第一："碗，越州上，鼎州次、婺（wù）州次……越瓷类玉。"

　　此碗碗身两边缘自然对卷，似微卷的荷叶。通体施釉，釉层较厚，釉面匀净，无流釉现象，釉面密布细小的开片纹，是唐代晚期的越窑精品。

金玉相融承琼浆

金釦（kòu）玛瑙碗

北宋
高6.4cm　口径13.14cm　底径7.3cm
安徽滁（chú）州来安县出土

　　此碗是安徽博物院镇馆之宝之一。
　　金釦是指口沿镶嵌一圈金边，是宋代比较流行的一种装饰技法。
　　为什么宋人要在器皿上镶金边？这还要从瓷器的芒口说起。"芒口"本是瓷器的一种烧制缺陷，即口沿处没有亮晶晶的釉，露出胎骨，富贵人家为了修饰芒口，就用金、银、铜给瓷器镶边，同时还能彰显自身富贵。后来给器皿镶金边成为一种时尚，人们不仅给瓷器镶金边，还给玉器使用了这种工艺。
　　玛瑙，传说因其原石外形与马脑相似而得名，古代亦称"琼玉""赤玉"，有单色玛瑙，更常见的是呈层纹、条带状等多种色彩花纹的玛瑙。
　　魏文帝曹丕在《〈玛瑙勒赋〉序》中云："玛瑙，玉属也。出自西域，文理交错，有似马脑，故其方人因以名之。"其实，玛瑙并非只产自西域，在距今5500年的安徽含山凌家滩遗址中，就出土了玛瑙猪和玛瑙钺（yuè）。由于玛瑙性脆，韧性差，因此其制作工艺要求较高。
　　这只金釦玛瑙碗，碗壁厚仅0.2厘米，呈橙黄色，局部有暗红色斑纹，于半透明中显露出玛瑙自然纹理。器型较大，器物完好无损，薄而透光，镶釦整齐牢固，显示出工匠高超的技艺，是宋代富贵家庭奢华生活的缩影，也是安徽省目前唯一的一件玉器类"国宝级文物"。

尚古仿古融新意

兽面纹玉卣（yǒu）

南宋

高6.7cm　口径3.2cm　底径4cm

安徽黄山休宁县朱晞（xī）颜夫妇墓出土

　　卣，原是商周时期祭祀用的青铜酒器，外形似壶，多为扁圆体，附双耳，有提梁，俗称提梁卣。

　　此玉卣虽仿青铜礼器造型，但已不具礼器性质，而是供文人士大夫日常把玩的佩饰或陈设品，更具世俗化、装饰性倾向。其出土时盖已缺失。体呈扁圆形，矮圈足，颈部两侧饰对称的昂首方形龙耳，耳上穿一圆孔可做穿系之用。颈前后各出一扉棱，扉棱上线刻雷纹，扉棱两侧对称雕琢龙纹。下腹琢兽面纹，腹部两侧镂雕卧伏回首状小螭（chī）龙。

　　宋朝统治者倡导恢复礼制，厚古之风盛行；一些官宦学者热衷于古代文物的搜集和研究，金石学兴起并得到发展，玉器制作也兴起仿古之风。宋代仿古玉器多仿商周、西汉的礼器、珍玩，虽造型仿古，但结构、纹饰和雕法上并不完全照搬照抄，而是融入了宋人的审美意趣和治玉技巧。宋代玉器仿古之风对后世仿古玉器发展有着深远影响，至清代仿古玉器达到高潮。

盏中金波荡梅香

葵花形金盏

南宋
高5cm　口径10.6cm　足径4.4cm
安徽黄山休宁县朱晞（xī）颜夫妇墓出土

　　宋人尚酒、喜茶，饮酒品茶活动都少不了各式盏的参与，花口形是宋代流行的式样，仿梅花、栀（zhī）子花、芙蓉花等花卉造型，并以錾（zàn）刻线条生动表现出花蕊、叶脉、枝干等细节，风格灵动、秀雅，纹样精细。宋代金银器的使用较前代更为广泛，器型多样，纹饰题材丰富，有很强的写实性和浓厚的生活气息。

　　这件金盏造型宛如盛开的秋葵花，花分六瓣，每片花瓣边缘錾刻连续的秋葵花纹，盏心用六片叶形纹托着凸起的花蕊，花蕊作六瓣梅花形。圈足焊接于盏底，似为花蒂，足边缘刻一周二方连续线纹。

玛瑙洗

南宋
长11.2cm　口径9.8cm　底径3.5cm
安徽黄山休宁县朱晞颜夫妇墓出土

　　此洗由苔纹玛瑙制成，浅腹，平底，壁厚度仅0.15厘米，重75克。口沿一侧伸出一弧形平沿，平沿与腹之间琢一环耳。造型精巧，质地莹润，器薄透光，凸显出玛瑙独特的纹理和光泽。

　　新石器时代就有了玛瑙制品。唐代以前，玛瑙制品以佩饰为主，器形不大，唐宋时期则更趋向于世俗化、宗教化，玛瑙被用于制作舍利子、舍利罐等宗教用具，杯、碗、洗等生活实用器皿也增多。

座中琼玉映笑颜

贯耳玉瓶使用示意图

贯耳玉瓶

元代
高7.1cm　底长径4.2cm
安徽安庆范文虎夫妇墓土

这件玉瓶出于元代尚书右丞范文虎及其夫人的合葬墓，出土时置于范文虎身侧，应是系在腰间作装饰，兼具盛装香料的功能。

玉瓶仿商周青铜壶造型，晶莹温润，白中闪青，用优质和田玉料制成。器身扁圆，盖两侧对穿两孔，颈部两侧对称的耳中也有上下贯通的孔，用以穿绳，称为"贯耳"。使用时，将线绳由贯耳底部穿入，绳头打结以阻挡穿线滑脱，再由盖侧边缺口进入盖内，从盖顶两孔穿出。

盖顶用阴刻线技法雕琢蟠螭（pán chī）纹。"蟠螭"生得虎形龙相，相传是龙与虎的后代。蟠螭纹是战国至秦汉时期玉器上常见的装饰图案，三国至隋唐时期逐渐销声匿迹，直至宋代中后期，因仿古之风盛行，又被金石学家所推崇，并成为元明清时期最常见的玉器纹饰。

润玉盛香腰间系

虎匐官押显威武

虎钮玉押

元代

高2.7cm　边宽3.5cm

安徽安庆范文虎夫妇墓出土

押是一种符号，在文书、契约上签名画押，表示个人的承诺。类似于今天常见的印章。若草书签字或以特殊符号代替的，则称"花押"。这件玉押便是花押，下面刻的是长短不一的"三横"。

花押兴起于汉晋，盛行于元明，至清代衰落。花押印集文字和图案于一体，具有特殊的艺术风格。元朝是花押印发展的极盛期，在契约文书、信件上都普遍使用，故花押印又有"元押"之称。元押印多呈扁方体，印钮常见龙、虎、狮等，印面多见阳文押记符号。

此玉押呈青色，印钮为一只伏卧状的虎，俯首盘尾向前平视，全身阴刻双短线表示虎身花纹，虎背呈黄褐色，是利用玉料俏色巧雕而成。虎腹中部有一穿孔，以供穿系。

元代文学家陶宗仪在《南村辍耕录》记载："今蒙古、色目人之为官者，多不能执笔花押，例以象牙或木刻而印之。宰辅及近侍官至一品者，得旨则用玉图书押字，非特赐不能用。"此玉押出土于元代尚书右丞范文虎墓中，应为特赐之物。

金杯银盒主人贵

菱花形凤纹银果盒

元代

高16.8cm　口径34.4cm　足径26.5cm

安徽合肥原孔庙基建工地出土

盒盖纹饰图

　　果盒由盒盖、中间隔层、盒身三部分组成。盖与盒身有子母口，合缝严密。盒平面为十棱莲花瓣形，盖面中心錾（zàn）刻一对鸾凤，两首相对，翅尾张扬，飞舞在百花丛中；盖边缘十个莲瓣上各刻两种花卉，共有20种花样；隔层中央精刻一株枝叶繁茂的牡丹花。盖与底口沿处各饰一周如意云纹，足部饰带形卷草纹。此果盒制作规整，镌刻刚健匀细，线条飘逸流畅，构图紧密和谐。

　　此果盒出土于原孔庙旧基的一棵槐树树根底下，果盒隔层中盛放着55双银筷，同时出土的还有银匜（yí）、银壶、银碟、银杯、银勺、金杯、金碟等。其中四件带盖银壶底部均刻有一字，为八思巴文，推测这批金银器可能属蒙古贵族所有。

206　安徽博物院

"张成造"针刻款

"张成造"剔(tī)犀云纹漆盒

元代
高6cm　直径14.5cm

叶厚花肥出名手

　　这件漆盒是安徽博物院镇馆之宝之一。

　　此漆盒采用雕漆工艺中的剔犀技法制作而成。其步骤是在胎体上髹(xiū)黑漆数次；黑漆积累成一个色层后，再髹朱漆若干次；两种色漆反复相互堆叠，当漆层堆积达到所需厚度时，用刀将漆层剔刻出如意云头纹。如此，漆层断面呈现出红黑相间的色层，与犀牛角横断面层层环绕的肌理极为相似，"剔犀"由此得名。剔犀花纹以云纹最为常见，因此又称"云雕"。

　　此盒木胎，盖、身以子母口相接，各雕饰如意云纹三组。刀口深约一厘米，刀口断面的乌黑色漆层上，间有朱漆三层，黑漆厚而朱漆薄，是古代漆艺专著《髹饰录》中"乌间朱线"的做法。

　　漆盒造型古朴高雅，云纹流畅自如，堆漆肥厚，刀法雄健浑厚，藏锋不露，磨工圆润光滑，色泽鲜明美观，代表了元代雕漆工艺的极高水平。

　　此盒外底边缘有针刻款"张成造"三字，表明此盒制造者是元代雕漆名家张成，其剔红作品享誉海内外。他的作品通常髹厚漆，故"叶厚花肥，极富质感"。其作品存世较少，又多有流失海外者，因此此漆盒尤显珍贵。

江淮撷珍　207

宣德青花花果纹大盘

明代
口径38cm 底径23cm 高7cm

　　青花是釉下彩绘瓷。明代是青花瓷烧造的繁荣期，永乐、宣德年间更是青花瓷黄金时期，俗称"永宣青花"。

　　"永宣青花"一改元代青花图案层次多、花纹满的特点，纹饰更加清丽疏朗，注意适当留白。其胎质细腻致密，釉色洁白甜净，釉质肥润。青花的青料以进口苏麻离青为主，呈色青翠浓重，有晕散现象，多见铁锈斑痕。纹饰多为缠枝或折枝花果、龙凤、海水、海怪、游鱼等。因宣德青花数量大、品种多、影响广，故有"青花首推宣德"之说。

　　此大盘口沿饰海水纹，内腹壁绘缠枝花卉，内底部饰缠枝瓜果纹，外腹为折枝瑞果纹，外底部光滑无釉，胎体洁白细腻，纹饰布局层次分明，疏密有致。

胎白釉润属宣德

玉兰花开甘醇饮

犀角杯

明代
口径13.5cm×10.5cm　底径5cm×3.4cm　高7.5cm

　　此杯被琢成绽放的玉兰花造型，内壁雕花瓣片片，层次分明，外壁浅浮雕花蕾、枝叶，底部花蒂、茎盘缠，自然形成杯底足。

　　犀角是珍贵的中药材，有清热解毒、凉血安神等功效，因其特殊药效及自身形状特征，以犀角作杯最为多见。据史料记载，我国在商周时期已使用犀角做饮酒器。由于犀角珍贵稀有，用来做纯实用器具的不多，通常以雕刻艺术品为主。犀角杯以雕成花卉、动物形最多，其次是仿古题材、人物风景等。

　　明清竹、木、牙、漆雕等雕刻工艺空前发展，诞生了一批雕刻名家，但因犀角稀少难求，并未形成专门的雕刻行业，都是刻竹、牙等手艺人兼而作之。在明清众多雕刻高手中，鲍天成和尤通二人以刻犀名闻于时，是现今仅知的两位在犀角雕镂上有卓著成就者。明代吴县（今江苏苏州）人鲍天成所刻犀杯，在江南盛名遐迩，人称"吴中绝技"，鲍天成与当时的琢玉大家陆子冈齐名。清初无锡人尤通，字雨源，不仅精于刻牙、玉石，更以刻犀之名为最，其作有"尤犀杯"之称。

江淮撷珍　209

朱三松制松鹤人物竹雕笔筒

明代
直径11.8cm　高10cm

深刻古雅是三松

　　此笔筒底部有矮三足，筒身以深、浅浮雕和圆雕技法刻图：苍松虬（qiú）干，一仆登高翘首，左手扶松枝，右手举盏饲喂枝上松鼠，另一仆双手托盘立于一侧，一老者捋（lǚ）须旁立，笑而观之，身后一炉烹茶，一桌堆叠书籍，松下一鹤低头觅食。由图旁阴刻行草书可知笔筒出自朱三松之手。

　　朱稚征，生卒年不详，约活跃于明天启、崇祯年间，号三松，嘉定竹刻代表人物之一，所刻笔筒刀法深峻，立意古雅，题材以人物故事为多，清嘉庆皇帝对其所刻笔筒推崇备至。

　　竹刻工艺在明清时期十分流行，出现了不同竹刻派别，以嘉定派、金陵派为首。嘉定派将书画诗文运用到竹刻艺术中，以深刻兼透雕、高浮雕、圆雕为主，画面层次丰富立体，注重写实传神。金陵竹刻以简洁、浅刻为主，注重随形施刻，浑然天成，格调古朴淡雅。

声情并茂狮着迷

象牙圆雕说书艺人

清代

宽14.2cm　高27.5cm

　　这件雕像以整块象牙精雕而成，表面还能看到象牙自身的细纹。艺人身着大襟长褂，衣袖宽大，衣襟、袖口均饰荷花、水波纹，坐于石凳上，左手托鼓，右手持鼓槌，作欲击鼓状。面部表情生动，眯眼斜视，面带微笑，似侃侃而谈，又似唱到精彩之处。衣纹褶皱、眼角皱纹、嘴边胡茬、头顶发茬皆雕刻精细自然。身前矮桌上置书一卷，桌下四只小狮在孔中顾盼穿梭，憨态可掬。此像采用了圆雕、镂雕、浮雕等技法，雕工考究。

　　明清时期，随着竹木雕刻艺术的蓬勃发展，以象牙为材料的牙雕技艺也日臻成熟，雕刻艺人在融入竹、木、角雕刻技法的同时，保留了象牙的自身特点，以其洁白玲珑、温润典雅的风貌取胜。当时在宫廷内专设工场，雕刻工艺细腻繁复，人物、花鸟纹饰多仿照绘画笔意，着色填彩均有一定章法，以典雅高贵风格著称。

江淮撷珍　211

黄杨有幸化作仙

木雕铁拐李

清代
高63cm　最宽26.7cm

　　此木雕以黄杨木雕就，黄杨木质地坚韧光洁，色黄温润，质感如牙雕制品，年愈久色愈深，很适合用来精雕细刻。

　　铁拐李身背草帽卷席，腰挂拂尘，右脚着草履，右手持拐，左脚赤足踩搁于拐上，左手执壶，仰面张口，承接壶嘴流出的酒。运用了圆雕、镂雕、浮雕等技法，须发、牙齿、凸起的骨骼、结实有力的肌肉，皆刻划细腻逼真，人物衣袂飘飘，形态生动，个性突出。

　　铁拐李在八仙之中年代最久远、资历最深，位列八仙之首。传说铁拐李精于药理，常以葫芦中丹药治病救人，能起死回生，被封为"药王"，被从事医药行业的人奉为祖师爷，另外，铁拐李形象也象征健康长寿。

黑漆嵌螺钿（diàn）山水人物纹酒斗

清代
长13.3cm　高7.5cm

　　螺钿是镶嵌工艺的一种，是将贝壳螺片磨制成片，根据需要裁刻并粘贴镶嵌在器物表面组成图案。

　　酒斗是古代用来盛酒和量酒的器具。这件酒斗内里包银，外壁髹（xiū）黑漆，四面以嵌螺钿饰山水人物通景图：岸上竹石相依，垂柳荫荫，水中奇石显露，波光涟涟，几位书生在岸边三两交谈。湖石、树木、人物衣纹、发髻（jì）都以不同色彩的螺钿来表现。远处山峦和岸边坡道以螺钿粉屑装点而成，即将螺钿打磨成大小不一的细沙状，洒粘在器物表面——这也是明清螺钿漆器流行的装饰手法。

贝螺百变成画卷

竹雕童子牧牛

清代
长18.5cm　高18cm

　　中国的竹雕工艺由来已久，古时候也称竹雕为"古刻"。
　　徽州竹雕起源可追溯至唐宋时期，盛于明清，属于国家级非物质文化遗产。
　　这件竹雕取材于竹壁丰厚、节心细小的老竹根，巧妙地以竹节作牛腹和牛背，随形就势，圆雕出童子牧牛的生动情景。牧童手攀牛角，赤足蹬牛鼻，似欲上牛背，老牛俯首驻足，任其攀缘。作者以简练的刀法，成功刻划出牧童与牛之间亲昵和谐的关系，具有强烈的动态美和浓郁的田园情趣。

苍竹老牛牧童牵

微雕内画袖珍壶

玻璃内画周乐元款通景山水纹鼻烟壶

清代

高5.4cm　宽3.1cm　厚2.1cm

　　鼻烟壶指的是盛鼻烟的容器。鼻烟是用发酵烟叶粉末调香制成，以鼻吸用的无烟烟草制品，具有提神醒脑、驱风避疫等功效。

　　欧洲人用于盛放鼻烟的器具主要是铜盒和玻璃瓶，没有什么特殊的装饰。后来，明末清初，鼻烟传入中国时，盛放鼻烟的器具渐渐东方化，产生了鼻烟壶。现在，人们嗜（shì）用鼻烟的习惯几近绝迹，但鼻烟壶却作为一种精美艺术品流传下来，材质丰富，被誉为"集中各国多种工艺之大成的袖珍艺术品"。

　　这件鼻烟壶出自晚清内画大师周乐元之手，内壁一周作通景式构图，山川叠嶂，江水绵延，古树之下房屋隐现，二人坐于岸边似观景听泉。

　　内画工艺是我国特有的传统工艺，起源于画鼻烟壶，是指在透明的料器鼻烟壶内作画。最早出现在清代中晚期，作为一种宫廷艺术流行于京城，光绪年间达到顶峰。画法是以特制的变形细笔，在透明材质的壶坯内，以"正面观图，反向运笔"的技法，手绘出细致入微的画面。

安徽文房四宝

  笔、墨、纸、砚是中国传统书写、绘画的主要工具，有文房四宝之美誉。它们演绎历史更迭，绘就诗书画作，是中华文明的见证者和记录者，培养了中国人独特的文化情怀。它们远播欧亚，让中国书画艺术在世界艺林独树一帜，对促进人类文明的发展做出了卓越贡献。

  安徽文房四宝的历史源远流长。唐宋以来，历代匠人秉承因循物性、道器合一的造物思想，凭借安徽得天独厚的物产资源和人文环境，恪（kè）守精益求精、革故鼎新的工匠精神，为世人奉献了无数文房佳品。安徽文房的杰出代表宣笔、徽墨、宣纸、歙（shè）砚，以其选料精良、工艺精美、内涵丰富等特性，为古今文人雅士所珍爱，并成为安徽文化的一张靓丽名片，享誉世界。

  安徽匠人创造出诸葛氏散卓制笔法、张遇油烟制墨法等工艺技法，摸索出以青檀皮造纸、龙尾石制砚等选材经验，充分体现了安徽古代匠人

的聪明才智。涌现出诸葛高、汪伯立、程君房、曹素功、曹大三、李少微等笔墨纸砚制作名家，他们的作品代表了中国文房制作的巅峰水平。笔筒、墨床、砚滴、水盂（yú）等文房雅器，亦和"四宝"相映成趣，为世人珍藏。

　　文房四宝类文物是安徽博物院的重要收藏，名家荟萃，珍品琳琅。我们期待观众从安徽文房四宝展览中，领略古人的匠心独运与情思雅趣，感悟中华文化的博大精深和独特魅力。

宣笔纵横

"治世之功,莫尚于笔"。中国历代文人通过毛笔挥洒奇思、宣泄情怀,为后世留下无尽的翰墨丹青。毛笔承载了中国人独特的文化记忆、历史情怀和审美情趣。

安徽自古盛产毛笔,涌现了宣笔、徽笔等诸多品类,其中以宣笔最负盛名。作为中国历史上首个以产地命名的毛笔品种,宣笔以紫毫笔为代表,融合历代毛笔制作技术之精华,精于选料,繁于工艺,奠定了唐宋时期"宣笔甲天下"的制笔局面,在我国古代毛笔发展史上写下了浓墨重彩的篇章,为历代众多文人大家推崇备至。

笔墨寻踪

毛笔的使用可追溯至新石器时代,现今考古发现的最早毛笔属于战国时期。由秦至晋,毛笔形制不断成熟,制作日趋精致。到了唐代,宣笔成为贡笔,宣州成为全国首个制笔中心。北宋时期,宣笔制作名工辈出,守正创新。制笔名家诸葛高所制三副笔、散卓笔等质量上乘,为世所重。到了南宋时期,政治中心的南迁和长年征战使得宣笔式微,笔工流离失所,部分笔工依附徽州墨庄继续制笔,传承宣笔技艺。

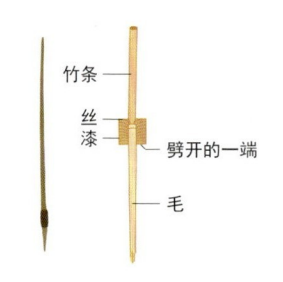

湖南长沙左公山战国楚
墓出土毛笔形制图

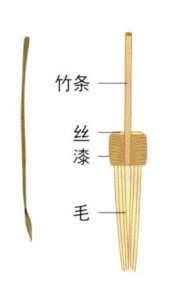

河南信阳长台关战国
楚墓出土毛笔形制图

湖北荆门包山战国
楚墓出土毛笔形制图

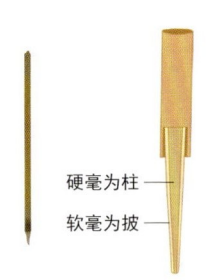

甘肃武威磨咀子东汉
中期墓出土毛笔形制图

小知识：毛笔形制流转

　　毛笔的产生和使用可追溯至距今五千多年前，在甲骨文和陶器上发现了软笔写画的痕迹，虽无出土实物，但专家推测当时存在近似毛笔一类的书画工具。

　　目前发现的最早毛笔实物，出土于湖南长沙左家公战国楚墓，为竹杆毛笔，笔杆细长，笔毫为兔毛，配以笔套。此时毛笔笔毫多为纯兽毛，一般有笔套保护，但笔头固定方式各异，多以细线捆扎于笔杆上，并髹（xiū）漆胶固。

　　到了秦代，部分毛笔仍保留战国笔的形制，但将笔头用丝线捆扎后插入笔杆空腔的纳毫法已成为主流。

　　汉代毛笔"空腔纳毫"的形制已基本定型。此时毛笔笔杆均较长，上端削细且尖，下端较粗；笔毫多为兔、狼等硬毫，笔锋细长。

　　唐宋时期，毛笔形制发生重大变化：笔杆由长变短，直径增加，毛笔顶端没有削尖；以羊毫为代表的笔毫材料开始流行，笔锋加长变粗。至此，毛笔形制逐渐稳定下来。

安徽文房四宝

"道光戊午"款木管抓笔

清代

长22cm　　杆径4.5cm

抓笔又称"揸笔",其制作和设计有别于日常用的毛笔。笔管短粗,以五指直接抓握,一般为鬃(zōng)毫制成,专门用于书写榜书大字。

此抓笔为木制笔管,上有"道光戊午"款,笔管上刻"寄怀楚水吴山外　得意唐诗晋帖间"十四个字,出自南宋诗人陆游的《出游归鞍上口占》。

这种以木为管的毛笔大约始于秦代,材质有乌木、楠木、檀香木、沉香木、丁香、柘木、花梨木、红木等。木管多以深沉的色调,纤细浮动、变化无穷的纹理取胜,少有雕琢,显得大方稳重。

象牙管山水图笔

清代

长28.1cm　　杆径1cm

明清制笔,在讲求实用的同时,更注重笔管的选料与装饰。宣笔的笔杆用料丰富,除竹制笔管外,紫檀、乌木都是贵重木材,象牙、鹿角更是稀有昂贵。虽为一支笔,却融汇了绘画、书法、雕刻、镶嵌等各种工艺,成为一种精美的艺术品。

这支笔杆通体由象牙制成,材质坚硬、细腻,笔套刻有梅、竹图,笔杆则刻山水图景,极为珍贵。以象牙制作的毛笔,在古时多为皇室用品,但文人巨卿、富商大贾为彰显高贵富有,也常用象牙杆笔。

笔落惊风起大书

笔杆万千百艺凝

白潢（huáng）恭进天子万年紫毫笔

清代
长25cm　杆径1.2cm

　　此笔是为恭贺皇帝万寿节所进献礼品，为清宫藏笔之珍品，极具历史价值。笔以竹制管，上填金楷书"天子万年"，下填蓝楷书"臣白潢恭进"。笔头为兰蕊式紫毫——笔毫的腰部凸隆若兰花，称兰蕊式。

　　白潢（1660—1737年），字近微，汉军镶白旗人，清代大臣，官至文华殿大学士。

　　万寿节，取万寿无疆之义，是明清时期皇帝的生日庆典。庆典期间，举国同庆、众臣来朝。历代庆典，唯独清朝最为繁盛，特别是康熙六十寿典与乾隆八十寿典规模最为宏大。

　　白居易在《紫毫笔歌》中有诗句"千万毛中拣一毫"，呈现了宣笔选材严苛、做工考究的特点。

　　紫毫笔选材取自野兔皮毛，其中又以其项、背部紫黑的毛为最优，其毫长而锐，宜于书写。

千万毛中拣一毫

小知识：白居易《紫毫笔歌》节选

江南石上有老兔，吃竹饮泉生紫毫。
宣州之人采为笔，千万毛中拣一毫。
每岁宣城进笔时，紫毫之价如金贵。

胡开文支店制竹管羊毫提笔

清代
长26.5cm　杆径2.6cm

胡开文是制墨大家，也兼制毛笔。这些墨庄所制毛笔，质地超群，享有盛誉，推动了我国制笔业的发展。

此笔为竹制笔管，笔顶、笔斗则为木制。笔管上刻"霄汉常悬""老胡开文支店精选""三号宿纯羊毫京提"。

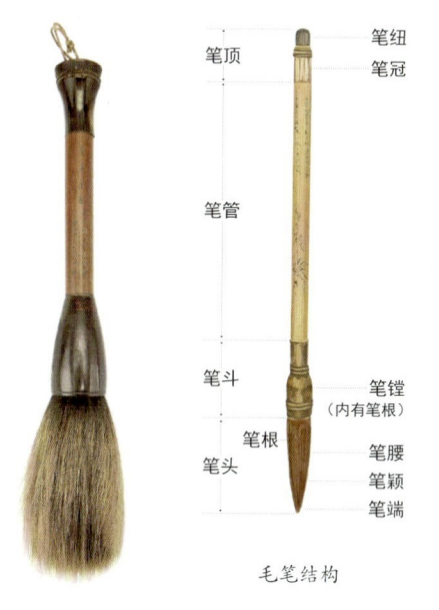

毛笔结构

霄汉常悬捧日心

"霄汉常悬"出自唐诗："阳和不散穷途恨，霄汉常悬捧日心"。意思是说，春天阳光和煦，暖意融融，却驱散不了我科场失利的郁闷心情；但我依然仰望长空，赞颂着太阳的恩德，寄望施展抱负的心志。

羊毫，按纯净程度分净、纯、宿三种。净、纯指纯正无杂，没有其他毫料掺杂其中；宿，指羊毛经夜露宿，自然脱脂后呈现出光亮的那部分毫料，容易濡墨。

小知识：宣笔选料

宣笔的精良离不开选料的考究和工艺的精细。宣笔笔毫素以"千万毛中拣一毫"闻名，其多以山兔毛、黄鼠狼尾毛制成，特别是以优质山兔毛制作的紫毫笔更是宣笔精品，笔杆材料丰富，竹、木、牙、角、瓷无不囊括。从选毫到制成，要经过八道复杂的工序和上百道严苛的环节，方才产生那一管管"硬软适人手，百管不差一"的宣笔。

徽墨流芳

　　墨是古人书写、绘画的必备用具，也是中国传统工艺中的艺术珍品。墨于方寸之间显大千世界，既有集书画、篆刻、造型于一身的审美情趣，又有"百年如石，一点如漆"的实用特性。古代文人爱墨成痴，不仅藏墨、赏墨，更以墨比德、以墨悟理，赋予了墨深厚的文化内涵和人文情怀。

　　徽墨因产于古代徽州府而得名，自五代发端，两宋崛起，至明清达到顶峰。徽墨色泽黑润、坚而有光、入纸不晕、经久不褪、馨香浓郁、防腐防蛀。千百年来，徽墨在徽州墨工不断创新的努力下，品类多样，造型丰富，图样纹饰雅俗齐聚、包罗万象，制作工艺工巧精致、匠心独运，堪称中国传统工艺的巅峰之作。

墨苑撷（xié）英

徽墨的辉煌，得益于徽州得天独厚的自然资源，更依赖于历代制墨名家的辛勤耕耘。自晚唐李超、李廷珪（guī）父子首创"李墨"开始，徽州墨业历代不乏能工巧匠。他们在制作物美价廉的实用墨同时，还生产精品墨、贡墨、文人定制墨、礼品墨等珍玩墨，这些墨品的设计往往充满文趣，制作不惜成本，雕刻精细，选料优质，描金施彩，装潢（huáng）典雅，已经由实用文具演变成具有观赏和收藏价值的艺术品。

> **小知识："方程"之争**
> 方于鲁与程君房同为明代后期徽州制墨巨擘。二人为抢占市场，挖对方墨工、拉拢文人支持、改进制墨技艺、相继编纂（zuǎn）《方氏墨谱》《程氏墨苑》……手段频出，但仅限商业竞争，互有胜负、势均力敌。这种竞争推动了徽墨品质的提升，促进了徽州制墨业的发展，两本徽墨巨著既是明代徽州墨商竞争的重要文献，又是我国早期广告典型之作。"方程"之争已具有资本主义商业竞争色彩。

"方程"之争促墨法

方于鲁仙桃墨

明代

长16.7cm　宽10.5cm　高2cm

此墨呈桃核形，边缘凸起较宽，墨正面两侧款识均填金。一面为桃核的剖面图案，右边阳刻楷书"庚子年甲申月丁酉日记"，左边有阳文篆书"西王母赐汉武桃宣和殿"。另一面有一段文字，记载洪武年间以库藏的巨大桃核命宋濂写赋的故事。一侧阳文楷书"方于鲁"。

方于鲁（1541—1608年），安徽歙（shè）县人，徽州制墨名家。

方于鲁，初学艺于制墨大家程君房门下，后自立门户经营制墨。他延聘名工，改进制墨技法，集合自创墨样编纂《方氏墨谱》。在明代后期，方于鲁和程君房在制墨技术、著作、人才各方面展开竞争，促进了徽墨的进步。

方氏制墨，多用油烟，配以各种名贵药料，墨质纯净，光洁细腻，被世人视为珍品。因将所制之墨进贡给朝廷，受到万历皇帝的赞赏，皇帝把墨上的署款"于鲁"当成了他正式的名字，他就以"方于鲁"为名，更改字为"建元"。

该墨墨质坚凝，色泽晶亮，制作工巧，肖形逼真，保存百年仍能如此完好，是方于鲁制墨工艺的珍贵实物。

程墨百年可比金

程君房百爵图石绿墨

明代
直径12.3cm 厚1.7cm

此墨作者是方于鲁的老师程君房。程君房原名程大约,字幼博,别字君房,安徽歙(shè)县人,是明万历年间的重要制墨家之一。他创制漆烟墨,融绘画、书法、雕刻艺术于制墨,所制之墨"烟轻质坚,颜色纯正黝黑,光泽如漆,有精美图案装饰,是明代实用墨的珍品",曾自诩"我墨百年,可比黄金"。受《方氏墨谱》影响,他也聘画家丁云鹏、刻工黄氏等,联手绘刻《程氏墨苑》一书,其中收录有"百爵图"墨样。

这是一件取材天然石绿的彩墨,多用于绘画。墨一面雕绘鸟雀多只,因"爵"与"雀"谐音相通,有加官晋爵的美意。

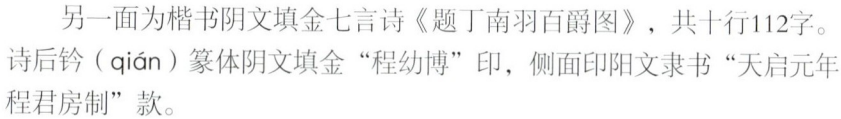

另一面为楷书阴文填金七言诗《题丁南羽百爵图》,共十行112字。诗后钤(qián)篆体阴文填金"程幼博"印,侧面印阳文隶书"天启元年程君房制"款。

小知识:文人订制墨

订制墨是指达官士绅、文人墨客等按照个人喜好设计墨形、图案、题铭,交由墨家代制的墨品。这类墨胶细烟清,质量上乘,不厌其精,具有强烈的个人特色,既可供自己使用、赏玩、珍藏,也可作为礼品赠人。

天开文运誉寰宇

胡开文地球墨

民国

直径12.2cm

  胡开文是清代四大制墨家之一,"开文"二字取自"天开文运"。胡开文制墨,集各家之长,其墨有"质坚烟细,色黑有光,胶轻易磨,味香自然"之美誉。因其善做药墨,又被誉为"药墨华佗"。

  地球墨是胡开文创制于20世纪初的墨,对于认识地理空间概念起到了科普作用。

  地球墨参加了1915年巴拿马万国博览会并荣获金奖,为中国近代制墨史添了浓墨重彩的一笔。

朱砂为墨可批文

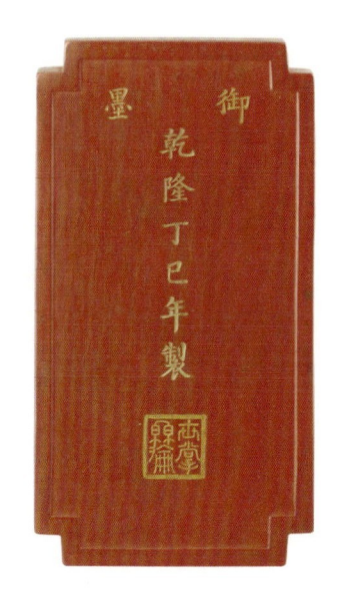

乾隆朱砂御墨

清代

长18cm 宽9.6cm 厚2.6cm

此墨为乾隆丁巳年（1737年）御制朱砂墨。墨面楷书阴文填金"御墨""乾隆丁巳年制"，下钤（qián）填金方印"世掌丝纶"，背面为纺织图。

御墨是皇帝或皇室专用墨。清代多由内务府御书处墨作承办，也可提供式样向墨家定制。历代皇帝常以红色在奏章上批示，而朱砂墨即可用于绘画及点校、批注、判卷等。此墨体型硕大，所用朱砂上乘，实为罕见。

古时，由中书省代皇帝草拟诏旨，被称为"掌丝纶"。这个说法出自《礼记》："王言如丝，其出如纶。"若父子或祖孙相继在中书省任职的，则称为"世掌丝纶"。

康熙吴天章"龙宾十友"墨

清代
外盒长25cm 宽11cm

  这一套集锦墨共十锭,大小不同,造型各异,取长方形、竹节形、琴形、砚形等文房用具的形状,巧妙拼装在一长方形黑漆盒内。其用料考究,技艺精湛,在雕刻、绘画、书法、文学、印章等方面价值颇高,反映了清初高超的制墨工艺水平,堪为珍品。

  墨上刻琴、砚、双剑、文石等图案,以及篆、隶、楷、行书题识和钤印。盒盖彩绘博古图,有金漆篆书"龙宾十友 结契文房 金澜胶尔 既坚且芳"。"龙宾"是守墨之神,后来特指名墨。"龙宾十友"是指用墨为材料制作的琴、砚、纸、笔、镇纸、臂搁、竹筒、双剑、文石、书籍。

  制墨人吴天章,名倬(zhuō),字天章,休宁人,是清初制墨名家,擅长集锦墨,制墨讲求华丽精致,多饰以金银彩色。

十友相伴雅舍清

小知识:礼品墨

  礼品墨是人们祝福新婚、庆贺大寿或鼓励学业时所赠送的墨品。用于新婚的礼品墨有"龙九子""百子图"等,用于祝寿的有"八仙""群仙上寿"等,赠予学生的有"十八学士""琴棋书画""手卷墨"等。这类墨讲求墨形和图案的吉祥寓意,烟料则稍逊一筹。

安徽文房四宝

千锤万杵

徽墨用料考究，它以松（油）烟、动植物胶为主料，加入麝（shè）香、冰片等名贵药材，经点烟、和胶、杵（chǔ）捣、成型、晾干等多重工序精制而成。徽墨制作离不开墨模。墨模的使用不仅推进了徽墨生产的规模化，更丰富了徽墨形制和图纹艺术，提升了徽墨的艺术价值。徽州墨工吸收徽州雕刻、新安书画等艺术门类精华，将墨模雕刻技艺发扬光大。徽派墨模艺术也以其细腻工整的布局手法、刚柔相济的用线技法，为后世称赞。

小模尽施十八艺

四库文阁图墨模

清代

长47cm　宽17cm

墨模又名墨范，是压制墨形的重要工具。制墨时将墨剂装入墨模，利用工具加压，使其完全定型。明清时期，徽州墨家遍寻名匠能工设计、雕刻墨模，墨模精品不断。墨模集中了书画、金石、雕刻等技艺，是徽文化的集大成者。它的出现，使徽墨成为兼具实用性与艺术性的文房单品。

这是一套清代著名墨模。四库文阁，指收藏《四库全书》的场所，墨模是胡开文于光绪年间翻刻，原墨模为乾隆内府制。墨模一面为御制诗，一面为建筑纹饰。

宣纸千秋

造纸术是中国古代四大发明之一，为人类文明进步发挥了巨大作用。宣纸作为中国造纸术的代表，是中国独有的文化现象和世界宝贵的文化遗产。

宣纸是中国传统书画用纸，源于唐代宣州贡纸。宣纸神秘工艺所带来的"纸寿千年"，为中华文明传承保留了众多书画典籍；宣纸独有原料所造就的"墨韵万变"，更是推动了中国画新风格——写意画的发展，造就了"墨分五色"的中国画独特墨法。宣纸自诞生起以其韧而能润、光而不滑、薄而能坚等特点，受到了历代文人墨客、书画名家的追捧，宣纸也成为中国书画用纸的代名词。

纸寿千年

中国造纸历经千年，名家精品不断，而集大成者便是自唐代兴起的宣纸。宣纸之名见于唐代张彦远的《历代名画记》："好事家宜置宣纸百幅"。唐天宝年间，宣城郡所造纸因品质出众成为贡品，宣纸闻名天下。宋元时期，宣纸制作技艺趋于成熟，漕溪汪氏和小岭曹氏已有技艺谱系传承。明代，原料配方趋于稳定，品种花色日益增多。到了清代，编书修志之风盛行和徽商的兴盛带动了宣纸的广泛传播，宣纸制造业居于全国造纸业之首。

生玉版宣张即之《楷书华严经》

南宋
长11cm　宽18.8cm

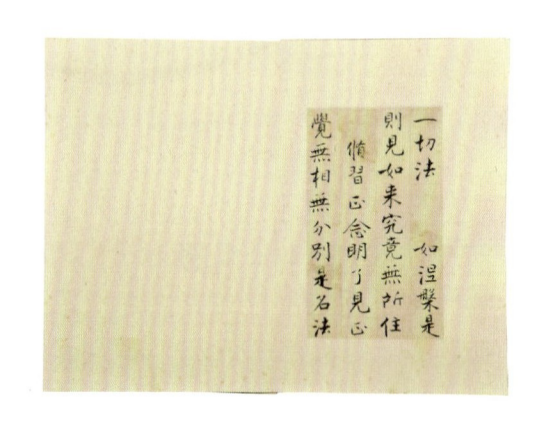

纸寿千年美如玉

此纸是皖南泾（jing）县古纸的一种，初见于南宋，以青檀皮为料，技艺则由唐代所制"两页重叠"中的"夹贡"演变而来。纸品厚实，洁白绵韧，性柔细薄，色如美玉，故名"玉版"，为宣纸之上品。又其帘纹疏美，发墨利毫，白度可保持数百年以上，专用于书画。

张即之，字温夫，号樗寮，历阳（今安徽和县）人，南宋著名书法家。张即之擅长楷书，榜书写得很好，有"宋书殿军"之誉，《宋史》本传称其"以能书闻天下"。

此《楷书华严经》经卷用纸为宋代贡宣玉版标本，色理腻白，既光且坚，与张即之的另一件书法作品《双松图歌卷》（现收藏于故宫博物院），是迄今发现最早在生宣上直接书写的书法作品。

小知识：生宣与熟宣

　　宣纸作为书画高级用纸，品类众多，大体分为两类：生宣和熟宣。

　　生宣，即原抄纸，是从生产纸槽内捞出后经烘干直接制成、未经其他加工的白纸，其特点是吸墨性和湿染性强，遇水即化，易产生丰富的墨韵变化，多用于写意山水画。

　　熟宣，是以生宣为底，经传统工艺施加胶矾水后所得。熟宣相较于生宣，其抗墨性增强，吸墨能力减弱，墨、色不容易洇散、渗透，宜于绘工笔画或书写蝇头小楷。

狂笔荷花生宣上

生玉版宣朱耷《荷花图》

清代
横88cm 纵280cm

　　此画作水墨晕化宛如乌云，墨色多韵，变化无穷。用纸为明宫旧藏生宣。明代书画多用半熟纸，自沈周后渐用生纸。生纸极佳的润墨性能表现富于变化的水墨气息。生纸的使用对后世写意画派在选材技法上产生了极大影响。

　　朱耷，字刃庵，号八大山人，江西南昌人，明末清初画家，中国画一代宗师，明宁献王朱权九世孙，后削发为僧。朱耷书画双绝，尤擅长写意花鸟画，风格雄奇凝重，意境别具灵奇。

小知识：宣纸用料

　　"纸之制造，首在于料"。宣纸最初以纯檀皮或楮（chǔ）皮入料，后以青檀树皮及沙田稻草混合抄造。古宣州得天独厚的自然环境和生态资源为宣纸的生产提供了优质原料。宣纸制作工艺复杂，操作精细，包括加工原料、捞纸、晒纸、剪纸等上百道传统手工工序。正是因为独特的选料工艺和精细的制作工艺，宣纸方能质地绵韧、洁白细腻、耐蛀耐腐，享有"轻似蝉翼白如雪，抖似细绸不闻声"的美名。

宣纸精粹

明清时期，宣纸逐渐成为中国书画用纸的首选。清代中期以后，除常用的生、熟宣外，还有以生宣为首选素材的各种高级加工纸。加工纸是经浸染、涂刷、洒溅、砑花等各种工艺制成的纸。蜡笺光滑细腻、虎皮宣浑然天成、色宣鲜亮动人……这些加工宣纸经匠人妙手，张张色泽美艳、幅幅精细绝伦。施之于笔墨，既可为翰墨丹青锦上添花，又能使凝结于纸上的工匠精神、文人情怀熠熠生辉。

斑斑金鳞染墨韵

五彩雪金蜡笺
明代

纸面斑斑金片，状若鱼鳞，灿如星辰，色分鹅黄、浅绿、桃红、浅蓝、瑰红等。蜡笺纸质坚挺厚实，纸性偏熟，多被用作对联、书柬、请帖等。

纸中贵族写真经

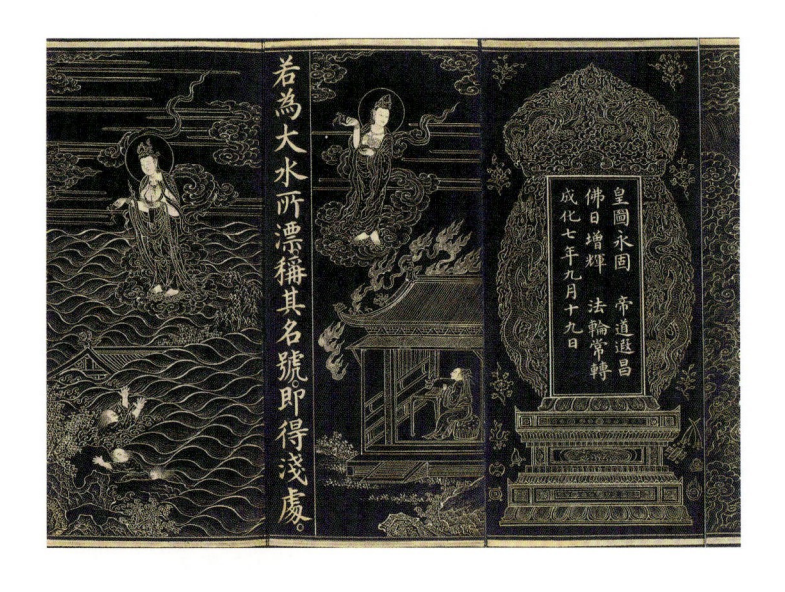

磁青纸泥金书画册《观世音菩萨普门品经》

明代
长1289cm　宽37cm

明代的加工纸名目繁多，异彩纷呈，然而制作最为精良的还当首推"宣德贡笺"。宣德贡笺出现于明朝宣德年间，是由皇室监制的宣纸，磁青纸便是宣德贡笺的一种。

磁青纸称得上是"纸中贵族"——必须选用上等的楮（chǔ）皮或檀皮纸，再以植物提取的靛蓝染料染成深蓝色，之后经抛光打蜡而成。因其色新鲜与"宣德瓷"上的青花色泽相似而得名。此纸质地坚韧平硬，纸面细滑如玉，色呈靛蓝，美如缎素，一般用泥金书写，可保永久不褪。由于磁青纸颜色深蓝，颇有静谧神秘的特质，故多用于抄写内容深奥的佛经。此纸因其加工技艺特殊，后世不能完全仿制，故极为珍稀。

明成化七年（1471年）书成的《观世音菩萨普门品经》经文及插画，均用足赤金粉写绘而成。历时500余年，依然簇亮如新，打开经折，犹如美锦横陈，流光溢彩，毫不败色，可见所用纸品制作之精及金粉成色之足。

描银填金纸中珍

描金云龙朱砂笺

清代
外长205.5cm　宽36cm

清代名目众多的各式银花纸中,有一种在色纸上描银填金的锦笺——描金云龙朱砂笺。此品工艺精湛、价值高昂,极具装饰之美,被文人贵族视为珍宝。

曹振镛（yōng）《行书八言联》就采用了这种锦笺,工艺上系选洁白绵纸,先以胶矾作底,以熟纸为基础,再涂血丹,然后上银朱,仍以矾水覆盖,置荫地晾干；制成朱笺后,再以泥银精工描绘祥云、蝙蝠、飞凰、腾龙、牡丹、火球等图案轮廓,最后用金笔加绘体面、暗部及重影部分。成品的纸面金银互映,色调热烈喜庆,气格富丽堂皇,图案古艳迷人。书墨之后,书纸映衬,珠联璧合。

曹振镛,号俪生,安徽歙（shè）县人,清乾隆年进士,历任学政、大学士、军机大臣,赐画像入紫光阁,列次功臣之首。

虎皮宣

清代
单长130cm　宽65cm

　　虎皮宣系由汉代彩笺派生和演变而来，是在对纸张进行染色的基础上，纯粹为求美观而艺术地利用斑点纸病所制成的斑纹纸。

　　虎皮宣系选优质生宣，经过上矾、拖胶后，用糯米浆在已经染色的净皮单宣上甩成斑点。其色泽边缘清晰，中心相对淡化。愈往外而色愈深，渐与原纸相溶，仿佛雨打沙滩，坑坑有韵。又似凹洼遍地，水淹晕漫。斑纹含蓄，状若虎皮豹斑，美而不娇，浑然天成。

　　清彩色虎皮宣，系清代内府监制。纸质薄而绵软，色分浅灰、淡绿、粉红、鹅黄、天蓝各色，其华美的纹样及悦人的色泽，深为文人雅士所赏用。又因其纸性偏熟，受墨不晕，适于工笔画及楷隶书体，大多取用于书法。

虎皮豹斑浑天成

歙砚永泽

砚是中国传统的研墨工具，是中华文明传承的重要载体。宋代苏易简《文房四谱》载："四宝砚为首，笔墨兼纸，皆可随时收索，可与终身俱者，惟砚而已。"安徽自古砚石品类丰富，有黄山歙（shè）砚、淮南紫金砚、宣城宣砚等，其中尤以歙砚最具盛名。歙砚又称龙尾砚，因产自安徽古歙州而得名。歙砚石质细腻、发墨益毫、滑不拒墨、储水不涸（hé），叩之似金属声，故有"玉德金声"之美誉。自歙砚诞生起，歙砚匠人独运匠心，成就歙砚传世名品；文人墨客题诗刻铭，赋予歙砚人文意趣。歙砚集诗、书、画、印、金石、雕刻等诸多艺术于一体，兼具使用价值、欣赏价值和收藏价值，是中国传统工艺的一颗璀璨明珠。

砚田恒久

砚的历史最早可以追溯到新石器时代，汉代以前称为"研"。砚的种类繁多，有石砚、泥砚、瓷砚、铜砚、漆砂砚等。歙砚兴于唐宋，历代精品不断。歙石石色青莹、坚润如玉；石品品类繁多、秀美异常，是观赏性与实用性俱佳的制砚良材。歙砚制作工艺广泛吸取书画艺术精髓，博采徽派版画、徽州三雕等工艺技法之所长，形成了以精细见长、兼具雄浑大气、清灵俊秀于一体的艺术风格。

古之有「研」品类繁

铜鎏（liú）金兽形铜盒砚

东汉

长12.5cm　宽7cm　高6.5cm

安徽合肥肥东县大孤堆汉墓出土

此砚形象生动，制作精巧。砚盒作兽形，通体鎏金，分盖和座两部分。下座内嵌一石片作砚面，盖顶有铜环，兽头部有双角，吻部前伸，四足伏地，全身嵌红、黄、蓝、白各色琉璃珠。

赭（zhě）釉多足砚

隋代

口径15cm　底径18cm　高6.5cm

安徽芜湖无为县严家桥出土

此砚呈圆形，底部有21根蹄形柱足。砚面无釉，砚身和砚池施黄褐色釉，底及圈足内部均裸露深灰色胎质。

该砚面微凸，环以一周砚池，类似太学——辟雍，故又名辟雍砚，为隋唐时期的流行砚形。

安徽文房四宝　239

箕形青砚出龙尾

箕（jī）形歙（shè）砚

唐代

长19.3cm　宽13.5cm　高3cm

　　自唐代起，人们利用石头不同的纹理和特性，作为专门的砚材，制作砚台。相继发现了几十种精美适用的砚材，其中端砚、歙砚、洮（táo）河砚、澄泥砚尤其突出，号称"四大名砚"。

　　此砚台为唐代文房用具，以安徽古歙州龙尾山石制成，石色淡青，砚面呈箕形，底面梯形双足。内凹呈凤池，池、堂一体。形似长方形箕，故而得名"箕形砚"。砚底箕口有二足，使箕口升高，以保持砚面水平。箕形砚没有砚堂与砚池的区分，砚面平而倾斜，便于聚墨和舔笔。

提笔携砚赴雅集

长方形抄手石砚

宋代
长19.4cm　宽8.8cm　高4.5cm

　　南唐时，帝王专设砚务官督采歙砚事宜，砚成为贡品。南唐后主李煜更将龙尾旧坑砚与李廷珪（guī）墨、澄心堂纸三者并称"天下冠"。宋代歙砚进入大发展阶段，砚石开采达到顶峰。抄手砚代替箕形砚成为主要砚式，文人品砚、藏砚之风盛行，出现了研究砚的专著。

　　此砚为簸箕形抄手式。石色青灰，质坚莹润，有细牛毛纹和点状金星晕。砚呈梯形，两侧向内收敛，抄手留出的空间和砚堂的淌池式斜坡"外同内制"，具备早期抄手砚池、堂倾斜的特点。

　　抄手砚底部是镂空的，手可以伸入，当时文人没有自己专门的书案，砚石需要经常搬动，抄手砚便于移动。

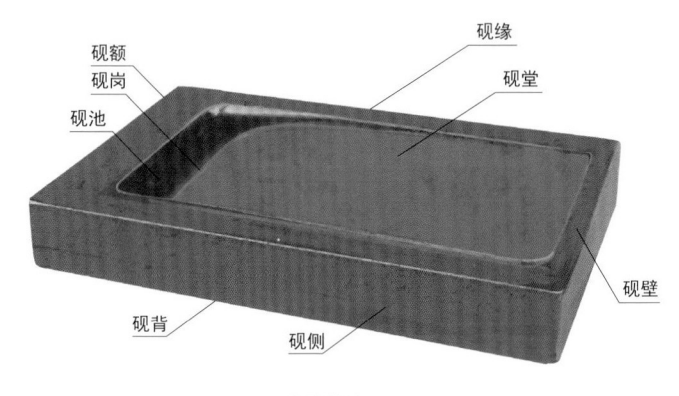

砚的结构

安徽文房四宝

眉纹不展月池满

枣心眉纹歙（shè）砚

宋代

长21.3cm 宽12.5cm 高2.8cm

安徽黄山歙县小北门窖藏出土

歙县小北门窖藏共出土宋代歙砚17方，全是婺（wù）源龙尾石，造型各式各样，为我国宋代歙砚的一次重要发现。

此砚尤为精美，呈长方形，砚首刻新月形水池，砚身为细罗纹石，砚堂则镶嵌青中泛黄的椭圆鱼子纹石片，砚面分布8条长短不一的眉纹。此种眉纹两头尖细，中间粗且有斑，犹如枣核，称为"枣心眉纹"。此砚石能活动取出，兼具罗纹和眉纹两种石品，为歙砚珍品。

蝉形歙砚

明代

长34.3cm　宽22.5cm　高5.5cm

　　歙砚，广受名人高士赞誉。

　　欧阳修《砚谱》中论："歙砚出龙尾溪，其石坚劲，大抵多发墨，故前世多用之。"宋代苏轼曾称赞它有"涩不留笔，滑不拒墨"的特点。米芾在《砚史》中这样评说歙砚："金星歙砚，其质坚丽，呵气生云，贮水不涸，墨水与纸，鲜艳夺目，数十年后，光泽如初。"

　　蝉形，是明代较为流行的砚式之一，见诸于各朝砚谱的记载。

　　此砚色黑，银星罗纹，砚体光亮圆润，线条简洁流畅，似蝉形；砚边四周凸起，砚池深凹，颈部微收，砚堂开阔内凹；砚背线刻荷叶茎纹；砚首着地，砚尾为两乳状足，保留了唐代砚形的风格。其造型别致，刀法简练，通过简单的线条勾勒出蝉的造型，栩栩如生。尤其是砚首开凿墨池的深大，折射出明代文人书法豪放洒脱的艺术风格。

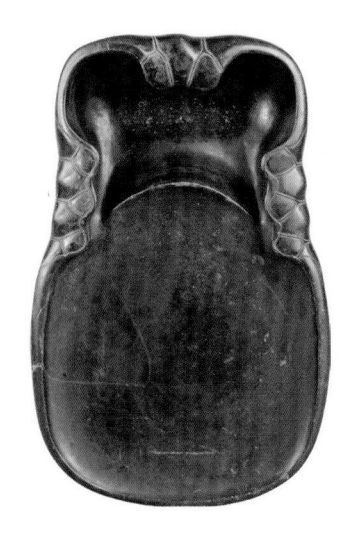

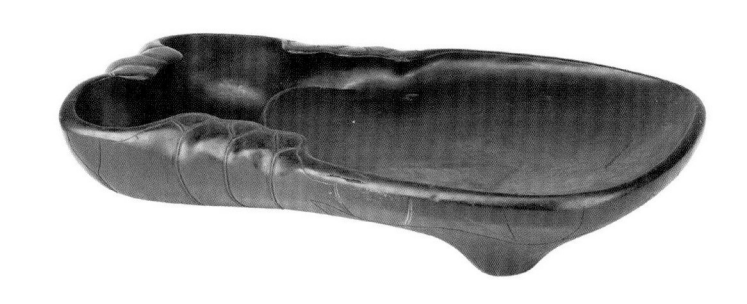

静心高洁似蝉心

安徽文房四宝

砚海寻珍

作为歙（shè）砚故乡的安徽，自古文化底蕴深厚，文化遗产丰富。除歙砚外，馆藏砚台精品繁多，包含了"四大名砚"中的端砚、洮（táo）河砚、澄泥砚，以及金属砚、玉砚、漆砂砚等等。它们造型奇特、雕工精湛、题铭镌诗、出身不凡，将文人雅趣与工匠智慧结合得恰到好处、相得益彰。这些精美砚台与歙砚共同构成了丰富多彩的安徽砚文化，成为安徽文房四宝的重要组成部分。

> **小知识：四大名砚**
>
> 　　端砚，主产于广东肇（zhào）庆，因肇庆古称端州而得名，始采于唐武德年间。端砚色紫质润，素有紫石、紫云之美称。其以石质坚实、润滑细腻、研墨不滞驰名于世。
>
> 　　洮河砚，产于甘肃省南部卓尼县洮河中游喇嘛崖一带。洮河砚色泽雅丽、莹润如玉、叩之无声、储墨久而不干。因喇嘛崖三面环水，开采难度大，故其老坑石在"四大名砚"中储量极少，最难开采。
>
> 　　澄泥砚，始于唐代，主要产自绛州（今山西省新绛县）、虢州（今河南省灵宝县）。作为"四大名砚"中唯一的非石质砚，其以澄洗的细泥作为原料加工烧制而成。澄泥砚贮水不涸，历寒不冰，发墨甚速。
>
> 　　歙砚，产于安徽黄山山脉与天目山、白际山之间的歙州，歙石的产地以婺（wù）源与歙县交界处的龙尾山（罗纹山）下溪涧为最优，所以歙砚又称龙尾砚，而龙尾山则是大部分存世歙砚珍品的石料出产地。

铁砚山房念真情

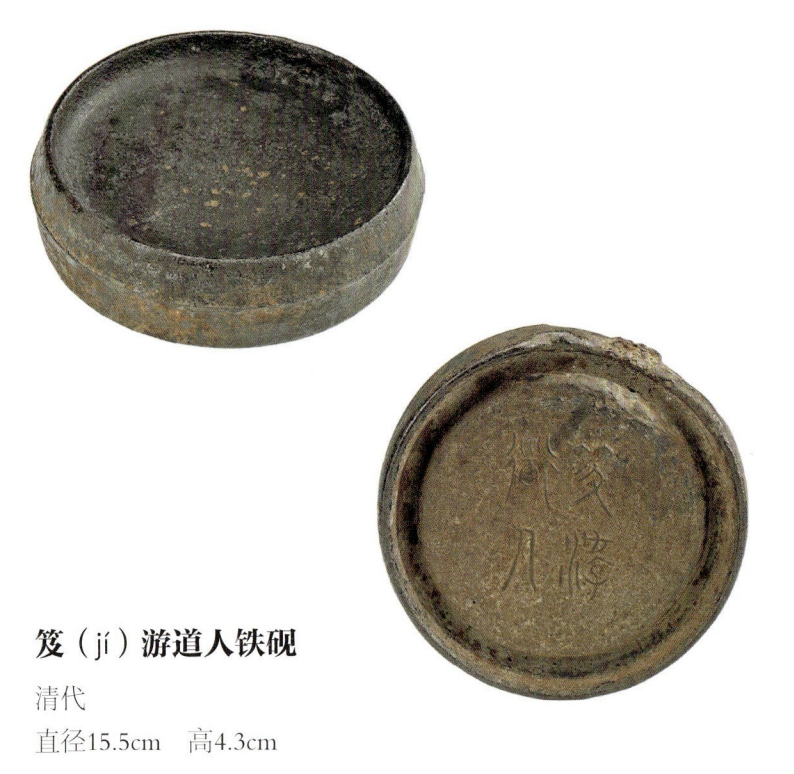

笈（jí）游道人铁砚

清代
直径15.5cm　高4.3cm

此砚台为铁质，两范合铸，范线在砚侧中部。砚面下凹，砚背相应鼓出，砚侧壁较高，下部形成圈足，有一处残缺。砚背中间铸"笈游道人"四字。

"笈游道人"为邓石如号。邓石如（1743—1805年），安徽怀宁人，精四体书，篆刻自成一派，是清代著名篆刻家、书法家。

这尊砚是乾隆五十六年（1791年），兵部尚书湖广总督毕沅（yuán）赠予邓石如的。邓石如时为两湖总督毕沅担当幕僚，一直保持"布衣徒步"的形象，在毕沅节署待了三年后，终因不合旨趣，请辞还乡。毕沅挽留不住，特请江南名匠制"笈游道人"铁砚相赠，表达景仰之情，并赠送厚资。邓石如感激毕沅的知遇之恩，回家后将书房取名曰"铁砚山房"。晚年邓石如家徒四壁，却依然保留着此方铁砚。

此砚造型独特，与主人不求闻达、不慕荣华、不为外物所动的布衣本色相得益彰。

安徽文房四宝　245

文房雅尚

在传统文人世界中,文房清供是笔耕丹青的必备用具,也是文人雅士们燕闲生活的寄情雅玩。文房清供是指书房的陈设器具,及与文房四宝相应的各种辅助用具,主要涵盖了笔洗、笔筒、笔架、墨床、镇纸、水盂(yú)、臂搁、香筒、印章等不同用途的器物。其于唐宋时兴起,至明清达到顶峰,成为实用的艺术佳品。这些器物虽形制不大,但精巧别致,清雅脱俗,深得文人雅士的喜爱。他们于方寸斗室之间把玩赏用这些清供陈设,沉淀性情,提升修养,悟自然奥妙,会人生精义,营造理想的精神世界,寻求自我与自然的和谐统一。

> **小知识:笔筒、笔架、笔洗**
>
> 笔筒为一种盛笔器具,用于竖向放笔,因多呈圆筒形,故名笔筒。笔筒常见于明清时期,有瓷、玉、石、竹雕、木雕、漆砂等为材料的品种。其中,体积较大者又称为笔海。
>
> 笔架亦名笔床、笔格,是暂时搁笔或架笔的专用工具,盛行于明清时期。笔架材质丰富,铜、玉、瓷皆可入料,样式多作山形,有三山、四山、五山形不等。
>
> 笔洗是用来盛水洗笔的器皿,以形制乖巧、种类繁多、雅致精美而广受青睐。笔洗囊括瓷、玉、玛瑙、珐琅、象牙和犀角等多种材质,其中瓷笔洗最为常见。其形制以钵(bō)盂为基本形,还有长方形、玉环形等。

斜倚翠竹写丹青

竹臂搁

清代
长10.1cm　宽3.5cm

  臂搁外形扁片长条状，是书写时作枕臂的用具，也作文房清玩，以竹制臂搁最为常见。配合书画创作使用，保持了腕臂与纸面的距离，防止墨迹沾染，也使得臂部可以倚靠，更加舒适省力。而挥毫之余，把玩摩挲，日久有温润的质感，成为文人喜爱的雅玩。清代中期以后，竹臂搁几乎取代了笔筒的地位。

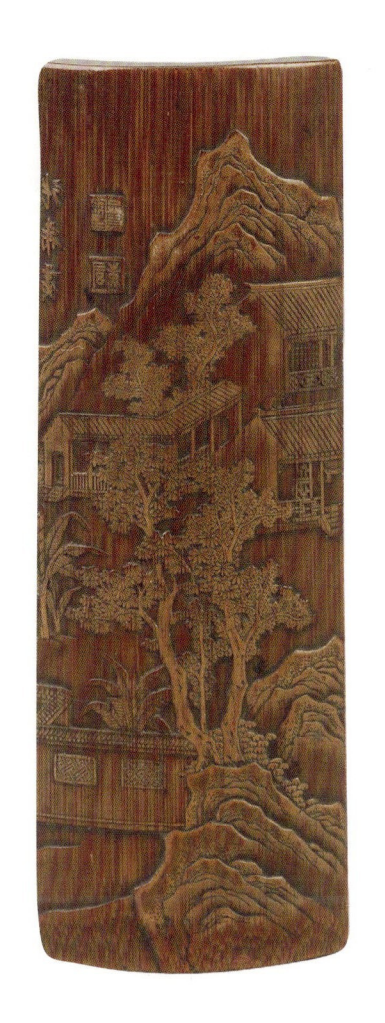

  此臂搁采用皮雕手法，覆瓦式构造，面微鼓呈弧形，正面以留青技法雕刻出竹节。雕刻庭院小景，其山石取细皴（cūn），楼阁建筑俨然，竹叶葱郁。此臂搁雕刻技法奇妙、高超，在薄薄的竹皮上，却能分出几个层次。用篆书落款"希黄"，表示该臂搁是张希黄所作。

  张希黄是明末著名的竹刻家，留青阳文的创始者，构图有唐代李昭道风格。他最擅长的是利用留青浅浮雕技法刻远山、树石、山水人物、楼阁亭台等景物，将雕刻与绘画融为一体。

动静皆宜映雅室

象牙蹴鞠（cù jū）笔筒

明代
高16cm　直径10.9cm

　　笔筒是中国古代除笔、墨、纸、砚以外最重要的文房用具。现在我们能够见到的传世笔筒，大多是用陶瓷或者竹木制作的，然而这是一件象牙笔筒。

　　象牙质地细密湿润，品位高贵，是雕刻品的优良材料。《史记·微子世家》有"纣始为象箸"的文字记载，意思是说，商纣王时代开始用象牙做筷子。其实我国使用象牙制品的时间更早，从考古发掘出土物中，可知在原始社会时，就已开始制作象牙器物了。

　　这件牙雕笔筒的题材十分特别，真实地反映了古代人的休闲娱乐生活。笔筒正面阴刻图案，凉亭之外一平场上，中间有一蹴鞠，四人身穿短衣，立于四角，姿势大致一样，作随时准备起脚踢球状；另有一人身穿官服，站立一旁，似为裁判。场上人物表情与动作十分严肃认真，呈现蹴鞠赛场的气氛。

　　这件牙雕笔筒描绘了我国古代蹴鞠运动，为研究中国体育运动史留下了极为难得的资料，弥足珍贵。在2006年德国世界杯时，它还赴德参加了"球类游戏——足球历史展"。

如意花床墨小憩

剔（tī）红漆墨床

清代

长8.9cm　宽6.3cm　高2.4cm

　　墨床又称墨架、墨台，是用来承搁墨锭的小案架。研墨时，墨经磨后湿润，乱放容易沾染他物，故制墨床以临时搁墨。墨床以墨定形，通常不会太大，宽不过二指，长不过三寸。多为木、玉、瓷所制，形状或为床式，或为几案式。

　　剔红是漆器工艺中的一种雕漆技法，它是在器胎上，用一种或多种色彩的漆进行髹（xiū）涂，涂一层干一次，干后再涂，如此反复，少则数十层，多则上百层。然后在厚厚的漆层上加以雕镂。由于漆层的色彩不同，故又分为剔红、剔绿、剔黑、剔犀等，其中以红色最多。我国在唐代已出现雕漆，明清时期最为盛行。

　　这件剔红墨床，形似茶几，床面剔刻重菱纹，床边饰回纹，四腿作如意形，床裙一周雕龟背纹，龟背纹内还镂雕小花，花纹若隐若现，不失庄重典雅，极富装饰性。

茄皮紫釉桃形倒流壶

清代
宽21cm　高14.6cm

魔壶倒灌福注满

倒流壶又称倒灌壶、倒注壶，谐音于"福到"，有吉祥的寓意，最早出现于隋唐时期，宋代开始流行。

倒流壶无盖，底部有一孔，它巧妙利用了"连通器液面等高"原理，通过壶体内隐藏的导管呈现了"倒灌顺流"的神奇效果。使用时从底部小孔注水入壶，水满后将壶放正，滴水不漏，也被人们称为"魔壶"。因内部构造较为复杂，制作时得分步进行，先将各部件单独制作完成，再依次将各部件粘连起来入窑焙烧，这对细节上的要求又远高于一般瓷器。经元、明两代工匠不断改进，至清代相继出现彩瓷、锡壶及紫砂壶等，造型日趋丰富。

此壶呈桃形，桃身为紫色，流、柄和桃叶为浅蓝色，桃枝干则用黑彩，色调素雅庄重，贴花装饰自然生动。值得一提的是，茄皮紫釉是一种低温色釉，因其釉色如成熟的茄子皮，故有此名。这一色釉创烧于明代，清朝康熙年间，茄皮紫釉进一步发展，釉色纯正，釉质坚硬。

注水口

正常斟酒状态　　倒置注酒状态

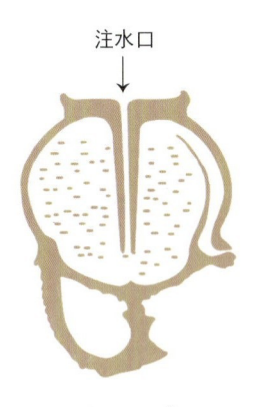

250　安徽博物院

多子多福家族旺

象牙雕松鼠葡萄叶形香橼（yuán）盘

清代

长19cm　宽12.7cm　高1.4cm

　　香橼盘是古人书斋中陈设的一种清供，为小型果盘，常置香橼或佛手等于其中，满室香雅宜人。

　　此盘由象牙雕制，造型为一片宽大的葡萄叶，边沿稍内卷，叶脉清晰可见。叶一端连接葡萄藤，葡萄上端另有一小叶，小叶上蜷卧一松鼠。下部雕一朵盛开的菊花不经意地凸显在叶边，盘沿和花侧各落一只螽（zhōng）斯，好似正向叶面攀爬。

　　松鼠葡萄纹为明、清两代装饰题材中，较为常见的一种，寓有多子多福、家族兴旺的愿望。

安徽文房四宝　251

烽火江淮——安徽革命史陈列

近代以来，安徽人民英勇投身于反帝反封建的革命斗争。五四运动后，马克思主义在安徽广泛传播，安徽地方党组织逐步创建。安徽党组织建立后，积极宣传革命理论，开展工农运动，有力推动安徽革命斗争的深入发展。大革命失败以后，中国共产党开始独立领导中国革命。安徽地区相继爆发阜阳"四九"起义、立夏节起义、六霍起义、请水寨暴动等一系列武装斗争，组建工农红军，创建革命根据地，走上焕然一新的革命道路。全国抗战爆发后，安徽地区军民同仇敌忾，奋起反抗，构筑起全民抗战的坚固长城。新四军在安徽集结成军，奔赴战场，英勇杀敌，成功开辟敌后抗日根据地，成为华中地区抗日斗争的主力军。解放战争期间，安徽成为夺取革命最后胜利的重要战场。人民解放军鏖战于淮河两岸、大江南

北,誓将革命进行到底。在中国共产党的坚强领导下,安徽人民最终迎来革命胜利,建立人民政权,走上社会主义崭新道路。历史证明:只有中国共产党,才能领导中国革命走向胜利。

安徽是一片有着光荣革命历史的红色热土,是一方敢为人先的创新之地。今天,安徽人民将继承革命文化,弘扬革命精神,紧密团结在以习近平同志为核心的党中央周围,坚持以习近平新时代中国特色社会主义思想为指导,不忘初心,牢记使命,团结奋进,开拓创新,为全面建设社会主义现代化国家全面推进中华民族伟大复兴而团结奋斗。

革命先声举旗帜

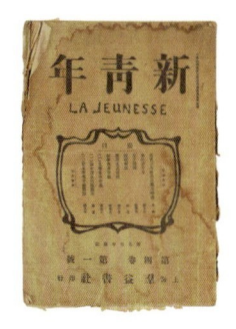

《新青年》

民国

长24.5cm　宽17cm

　　1915年9月15日，新文化运动的主将、中国共产党的主要创始人和早期主要领导人陈独秀创办《青年杂志》（后更名为《新青年》），举起"民主"与"科学"的旗帜，掀起反封建的新文化运动，对中国民众进行思想上的启蒙。

苏联制马克思银像

民国

高15.5cm　底边长5cm

　　1925年，安徽旌德人梅大栋由安源路矿回到家乡，带回这尊苏联制马克思银像（现藏旌德县档案局），创办旌德三都农民补习学校，宣传马克思主义。

　　这件马克思银像，系银铸半身胸像，空心浇铸。底座呈正方形，正面铸有印刷体俄文：卡尔·马克思；内壁铸有两行书写体俄文：第六号，莫斯科制造。1924年，为纪念伟大的共产主义战士马克思，共产国际共铸造了十尊马克思半身雕像，并在1925年时，将其中的第六号雕像赠予中国。

名石名家刻名将

袁家声旧藏戚继光、张树侯铭文端砚

明代

长17cm 宽11cm 高6.7cm

  袁家声（1878—1960年）是安徽寿县人，辛亥革命时期任安徽淮上革命军副总司令。1926年，为策应国民革命军北伐，袁家声部经河北、山西、河南到达湖北罗田，并奉命扩编为第三十三军第一师，参加北伐战争。此砚为袁家声于1925年北伐前驻军河北石家庄时所得。回乡后，让清末民初书法大家张树侯为之刻铭。张树侯（1866—1935年）本名张之屏，也是安徽寿县人，同时还是辛亥革命元老，曾追随孙中山先生，投身民主革命，精习金石书法。

  此砚左侧刻有明代抗倭名将戚继光的铭文，曰："他山之石，允文允武。决疑定计，取君之府，军书飞驰日傍午，传檄（xí）天下惟赖汝，四海一，与汝息。继光铭。"

  砚右侧有张树侯刻铭，曰："民国十四年，袁子金师长北伐，驻军石家庄，得戚南塘少保遗砚于民家。归里后，以示张树侯，属为之铭。铭曰（篆书）：'明季多难，少保以生，今复多难，赉（lài）在将军，古人往矣，此传薪。'"

  此砚为广东端砚，石质细腻，雕琢精巧，又系名人用砚，为端砚中之珍品。

烽火江淮

英才热血洒江淮

王步文烈士眼镜

1931年
长11cm　宽6cm

王步文（1898—1931年），安徽岳西人。1919年在安庆组织学生声援五四运动，并与蔡晓舟等创办《安庆学生》等刊物，宣传马克思主义。1923年加入中国共产党；1929年任中共中央巡视员等职；1931年2月，任中共安徽省委代书记，3月，正式任中共安徽省委书记，成为中共安徽省委首任书记；1931年4月，因叛徒出卖被捕，5月，于安庆慷慨就义。

这一副眼镜，一直陪伴着王步文，成为烈士坚贞不渝的人生见证。

最是忠心革命志

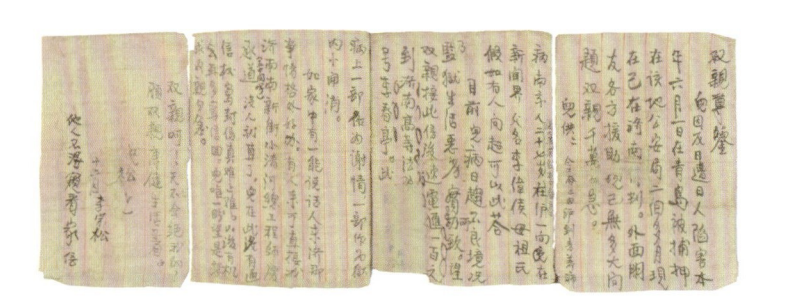

祖晨家书

1932年
长22cm　宽15.5cm

　　祖晨，原名祖茂林，1901年出生在安徽省宣城县，年少时仰慕祖先晋代名将祖逖"闻鸡起舞"的精神，于是将自己的名字改为祖晨，以明确自己的志向。

　　五四运动爆发后，祖晨站在斗争的前列，成为学生联合会的骨干。马克思主义的传播给中国带来了新的气象，在祖晨心中，改造中国社会的路径和前景逐渐清晰明朗，这也逐渐成为祖晨心中最高的信仰。五卅运动高潮期间，祖晨目睹日英帝国主义血洗上海南京路，悲愤填膺，回到家乡立即与芜湖各界组织"芜湖外交后援会"，声援上海工人、学生的反帝爱国斗争。

　　1932年祖晨入狱，国民党反动派觉得他是了不起的"大人物"，如获至宝，先用高官厚禄进行诱骗，祖晨始终坚守初心，不为所惑。接着，国民党露出了凶狠的嘴脸，使用竹杠、蹲铁笼、坐水牢等酷刑，祖晨始终铭记心中的信念，始终严守党的秘密，次年8月英勇牺牲。

马毛姐棉袄／马毛姐一等功红布五角星

民国
棉袄，长81cm　宽52cm
五角星，长12cm　宽12cm

　　马毛姐，本无名字，1935年9月出生于安徽省无为县，家境贫苦。全家老少16口人相依为命，依靠一条破船谋生计。

　　1949年春天，年仅14岁的马毛姐在毛主席发出的"打过长江去，解放全中国"的号召下，将家里的船交部队征用，并参加了"渡江突击队"，和大哥投入渡江支前的战斗中。4月20日夜晚，渡江命令下达，马毛姐的船冒着敌人的炮火率先渡江，一颗子弹打中她左臂，鲜血染红了棉袄，但她依然咬牙坚持，一整夜六次横渡长江，把三批200余名解放军送上了南岸。

　　她是渡江战役中年龄最小的支前船工。马毛姐两次被毛泽东接见，被授予"渡江一等功"荣誉。

　　新中国成立后参加工作，她从不以功臣自居，在平凡岗位上默默为党工作，离休后义务做革命传统教育报告300多场次。2021年，马毛姐获得"七一勋章"。

　　这两件文物是马毛姐当年渡江时穿的棉袄和"渡江一等功"奖章。

雄师渡江少年送

人民当家做主人

皖北人民行政公署印／皖南人民行政公署印

近现代
皖北印，高11.5cm　印面边长7cm　厚2.1cm
皖南印，高11.5cm　印面边长7cm　厚2.1cm

　　皖北人民行政公署铜印：华东局于1949年4月3日决定，以长江为界分开成立中共皖北区委员会和中共皖南区委员会。4月6日，中共皖北区委员会成立。4月15日，皖北人民行政公署成立，驻地合肥。此印即为此时铸造。1952年，皖北、皖南行署合署办公，此印旋废。

　　皖南人民行政公署铜印：1949年5月13日，中共皖南区委员会、皖南人民行政公署在屯溪成立，后迁芜湖。此印即为此时铸造。1952年，皖南、皖北行署合署办公，此印旋废。

烽火江淮

新安画派

　　明末清初，时代变迁，江山易祚（zuò），社会动荡，文化艺术亦随之变革，"新安画派"便在此时诞生。"新安画派"主要成员为徽州籍画家，他们师承元代倪云林、黄公望，貌写家山，以笔墨抒发胸中逸气。其绘画笔墨高逸，意境幽邃，具有鲜明的隐逸格调，将传统文人画创作推向新的高度，在十七世纪的中国画坛独放异彩。

　　"新安画派"植根徽州文化沃土，以皖籍画家程嘉燧、李永昌、李流芳等为先驱，继而以渐江为领袖，合查士标、孙逸、汪之瑞为"海阳四家"，追随者众多，鼎盛时期成员达百余人。"新安画派"对明清之际的中国画坛产生了深远影响，石涛、梅清、萧云从、戴本孝诸绘画名家与渐江等新安画家同声相应，同气相求，开一代隐逸之风，直至扬州画派、近代海派都深受"新安画派"影响，可谓芳馨远传，蔚为大观。近现代以

来，黄宾虹、汪采白、赖少其等继承"新安画派"传统，深入黄山，潜心创作，各臻妙境，卓然成家，为"新安画派"的传承和发展注入新的生机和活力。

此次展览精心选取安徽博物院珍藏的"新安画派"绘画精品30余件套，较为全面地向观众展示了"新安画派"的绘画风貌和艺术成就，彰显出安徽绘画艺术的突出成就和徽文化的独特魅力。

疏叶枯枝湖波静

程嘉燧
《远山古屋图》

明代

纵72cm 横29cm

　　程嘉燧（1565—1643年），字孟阳，号松圆，是明代的书画家和诗人。他是徽州歙（shè）县人，少年时跟随行商的父亲到嘉定，他广交文人才士，切磋诗文画艺，一住便是50余年。

　　此图采用了倪瓒（ní zàn）一河两岸式的构图方式，凸显了山体和水面的空灵。近处几棵杂树枯枝疏叶，树间两间草堂，水中散立碎石，湖面平静空寂，一派萧瑟的秋山氛围。白描远山，长线画水，秀逸恬淡中不失硬朗，实现了简淡清逸描绘的极致。

小知识：倪瓒

　　倪瓒（1301—1374年），初名倪珽（tǐng），字泰宇，别字元镇，号云林子、荆蛮民等，江苏无锡人，元末明初画家、诗人。与黄公望、王蒙、吴镇合称"元四家"。

　　他擅长画山水墨竹，师法董源，受赵孟頫（fǔ）影响。早年画风清润，晚年变法，平淡天真。

　　国画讲究留白，而倪瓒留白的笔法古今无人能出其右。这绝非后天训练，而是天性使然。他的祖父富甲一方，父亲早丧，由大哥抚养，生活极为舒适，保持了孩童般纯粹、干净的天性。倪瓒有非常严重的洁癖，他认为颜色用多了是对画面的污染，使得他的构图笔墨极简，也因此在艺术上取得非凡的成就。

李流芳
《山林读书图》

明代
纵123cm　横59cm

隐居林泉绝仕途

李流芳（1575—1629年），安徽歙（shè）县人，字长蘅（héng），号檀园，和程嘉燧同乡，后来侨居上海嘉定。李流芳从小就好读书，32岁时中举人，后来两次殿试未果。由于朝廷宦官专权，李流芳就此绝意仕途，自建檀园，专心于诗文书画。他与董其昌、程嘉燧等并称"画中九友"，亦为"嘉定四先生"之一，名噪一时，著有《檀园集》等。

　　此画作于李流芳去世前一年，是一幅颇见功力的晚年精心之作。整幅画面层次明朗，画作满载山野逸气，表达了画家隐居林泉、安贫乐道、洁身自好的思想情趣。

小知识：董其昌

　　董其昌（1555—1636年），字玄宰，号思白、香光居士，松江华亭（今上海市）人。明朝后期大臣、书画家。擅山水画。

　　他的作画常以古人为师，画作上有大量"仿某某""拟某某"字样。广泛吸取唐宋元诸家优长，使其书画取得了超越古人的艺术成就。

　　其书法对后世影响很大，以行草书造诣最高，他的《千字文》是其存世不多的上乘之作。

　　董其昌一生创作的书画作品不可胜数，在书画理论方面对明末清初画坛影响巨大。

李永昌
《春山亭子图》

明代
纵101cm 横46.2cm

淡墨粗笔宗名师

李永昌，生卒年不详，字周生，休宁人，明代书画家。

李永昌家境殷实，游历甚广，他的山水画宗法元人，笔墨简淡、意韵空灵，饶有气势，是汪之瑞的老师。

其代表作《春山亭子图》，采用"之"字形构图，淡墨勾写山石，远处群山连绵起伏，河面如镜，石径小道千转百回向河中央延伸。以淡墨绘景，以粗笔晕染山脉、湖面，更显立体感。画面极简，有着清新静谧之美。

黄宾虹曾题"李周生画，董思翁亟（qì）称之，所见多近大痴简笔"，此作以大痴笔墨写云林意境，又得董其昌清润舒朗，代表新安画派早期面貌。

"思翁"，指董其昌，别号思翁；"大痴"，指黄公望，号"大痴道人"；"云林"，指倪瓒（ní zàn），号"云林子"。

小知识：黄公望

黄公望（1269—1354年），字子久，号一峰、大痴道人等，自称浙江平阳人，元代画家，名列"元四家"（黄公望、吴镇、倪瓒、王蒙）之首。

黄公望工书法，通音律，善诗词散曲。尤擅画山水，曾得赵孟頫（fǔ）指授，宗法名家。水墨、浅绛俱作，以草籀（zhòu）奇字法入画，气势雄秀，笔简神完，自成一家，得"峰峦浑厚，草木华滋"之评。传世画作《富春山居图》最能代表黄公望之绘画成就。

千岩竞秀谷幽深

孙逸《溪桥觅句图》

清代

纵150.6cm　横56cm

孙逸（？—1657年），字无逸，号疏林，休宁人。画学倪、黄，又得"吴门"遗韵，枯笔瘦硬、疏简寒荒近弘仁，笔墨娴雅、骨骼松秀似文徵明，有"文徵明后身"之誉。后流寓芜湖，与萧云从齐名，并称"江左二家"。

此画是孙逸成熟时期的代表作品。画中千岩竞秀，曲桥水榭，茅亭修竹。山石敷以青绿，间以淡赭（zhě）微晕凹处，设色淡雅清逸。其线条顿挫爽利，工整中带有徽州版画装饰意韵。画面右上角自题："茆（máo）檐面湖色，隔岸出诸峰。一杖过桥者，将无觅句从。壬辰春为元修社兄设并题似正，孙逸。"下钤（qián）"孙逸私印"白文方印。

本作品借鉴了青绿山水体格，并吸收明清徽州版画之用线造型方式，充分展现了作者寄情山水、既师古人又师自然的创作态度。

小知识：萧云从

萧云从（1596—1673年），字尺木，号于湖老人、无闷道人等，芜湖人，明末清初著名画家，姑孰画派创始人。

其山水画自成一家，笔墨清疏苍秀，饶有逸致。他的画在家乡芜湖地区影响甚大，形成了"姑孰画派"。萧云从的挚友、清初四画僧之一弘仁的早期山水画亦受其影响。

新安画派

汪之瑞《空亭幽树图》

清代

纵23cm　横49cm

汪之瑞（？—1658年），字无瑞，号乘槎（chá），休宁人。早年随明末新安名家李永昌学画，宗倪、黄，后游于江浙等地。山水多用中锋，枯笔焦墨作简淡之景，其性情孤高，率意而为，着墨不多而古气苍蔚。

图绘荒山野滨，画面简淡洗练。整幅画除树干存有局部的皴（cūn）笔，其余几近于白描，空旷中蕴含着画者博大的情怀，也体现了作者自然淡泊、轩爽飘然的绘画风格。

空山空亭空性灵

渐江《晓江风便图》手卷

清代

纵28.4cm　横242cm

笔简墨素水连天

渐江（1610—1664年），字无执，法号弘仁，俗姓江名韬，字六奇，又曾名舫，字鸥盟。安徽歙（shè）县人。入清后，渐江在武夷山出家为僧。平生好游，擅画山水，宗法宋元。与汪之瑞、孙逸、查士标合称"新安四家"，是新安画派的奠基人，也是清初画坛"四僧"之一。

他的作品简化了山石的体势，呈现出黄山的奇异风姿和灵魂；其笔墨简约素淡，方折瘦硬，体现了清初遗民寂冷清孤的内心。

此画是渐江为送别友人所绘。画作平远布局，画面前段群山丘陵起伏连绵，老树萧瑟；中段山势层叠，峻岭崇山，延伸到天尽头；后段水天苍茫，帆影点点。山石结构严谨而用笔松灵，若淡若疏，骨力内蕴，树木枝疏叶落，给人以寂寥冷峭之感，涤人心扉。

卷后另有四段题跋，记录了渐江晚年的交游经历与艺术造诣，为这件艺术品增添了丰厚的文化注脚。

小知识：清初"四僧"

　　清初"四僧"都是由明入清的遗民画家，分别是朱耷、石涛、弘仁、髡（kūn）残。前两人是明宗室后裔，后两人是明代遗民。明亡后，他们经历坎坷，纷纷遁入空门。由于无法平复心绪，他们借画表达自我，寄托亡国之痛。因此，他们的作品标新立异，具有强烈的个性，表现出了不向命运屈服的生命力。"四僧"对后代画坛以及近现代诸多大家产生了巨大而深远的影响。

新安画派

查（zhā）士标
《古木远山图》

清代
纵108.5cm 横47cm

查士标（1615—1698年），字二瞻，号梅壑（hè）懒老，休宁人。他的父亲是徽商，家境殷实，家中藏有许多宋元书画。查士标从小耳濡目染，一面玩赏家中珍藏，一面熟读经学，20岁便中秀才。无奈世代更迭，明朝覆灭，他放弃科举，退避新安山中，后又寓居南京、扬州等地，专事翰墨丹青以笔耕自给。

查士标的山水师法倪瓒（ní zàn）和黄公望，又师"吴门"沈周，形成了惜墨如金的作画风格，后世称其画风"风神懒散，气韵荒寒"。

此画为查士标中年仿倪瓒的代表作。图绘山水之景，山棱清明，广阔清冷，好一派荒寒空寂。与倪瓒清静无为的道家思想遥遥呼应，呈现了新安画派高逸缥缈的精神风貌。

气韵荒寒枝丫疏

小知识：沈周

沈周（1427—1509年），字启南，号石田，晚号白石翁，江苏苏州人，明代著名画家、书法家、文学家、医学家。

他出身书画世家，家境富裕，从小衣食无忧。儿时因目睹父亲陷入政治斗争，从此厌恶官场险恶，终生不仕，潜心书画。幼承家学，后来刻苦临摹了很多"元四家"，在不惑之年后逐渐形成自己的风格，开创了吴门画派，是唐寅的老师，为"明四家"之首。

穆然恬静寂无声

郑旼（mín）
《溪山亭子图》

清代
纵138cm　横48cm

郑旼（1632—1683年）歙（shè）县人，字慕倩、穆倩，本名为"旻"，明亡后，改名为"旼"，取"无君之痛"之意，以遗民自居，终生不仕。郑旼出身书香门第，自幼饱读诗书，擅长诗词书画，画作旨趣上深受渐江、查士标的影响，既有倪瓒萧散超逸之神韵，又具吴镇苍劲厚润之意趣。

此图笔墨构图皆取元人之法，图中远处山色疏淡，近处寒树萧瑟，枝干以浓淡之墨随意点出稀疏之态，空亭孤立其间，山脚小溪潺潺，意境萧疏清远。画面布局深得倪瓒、黄公望的工整开阔，又得查士标疏旷简远的意境，是师法元人传统程式的典范之作。

小知识：吴镇

吴镇（1280—1354年），字仲圭，生性喜爱梅花，自号梅花道人，也称梅沙弥或梅花和尚，浙江嘉善人，元代画家、书法家、诗人，"元四家"之一。

吴镇擅画山水、梅花、竹石，尤其在山水画上有杰出的成就与极高的地位，对近古山水画的发展，起着很大的作用。

黄宾虹《山水四屏》

1917年

纵178cm　横91cm

　　黄宾虹（1865—1955年），名质，字朴存，号宾虹，别署予向，原籍歙（shè）县潭渡村，生于浙江金华。黄宾虹擅长山水、花卉，并注重写生，对中国绘画史论和书法研究也有很深的造诣。其山水画创作在中国画坛是独树一帜的，这源于他深厚的传统笔墨功力、丰厚的艺术学养以及广博的游历与感悟，对中国近现代绘画产生了极其深远的影响。

　　黄宾虹54岁为"春晖堂"祖祠作此巨幅，为其代表之作。每幅作品皆有长题，题赞诸叔祖前贤之德行。四幅巨制均采用"高远"法表现巍峰耸立，山石或作披麻皴（cūn），再加湿笔浓墨点苔，呈现沈周笔墨粗简豪放、浑朴苍润的特征；或勾染并施，以李流芳刚健爽辣之笔，现墨气淋漓、深厚隽永的面貌；或参以南宋"院体"劲健硬朗的风格，以浓墨勾勒山石，复以细长线条皴擦石面，山石之间着意凸显黑白对比，似有徽州版画的笔意；或以披麻皴结合雨点皴刻划山石苍劲，局部以重墨复皴，使山峰更高远博大、伟岸磅礴。

墨气淋漓意高远

黄山青绿闻于世

汪采白
《黄山纪游图》

民国
纵272cm 横83cm

  汪采白（1887—1940年），名孔祁，字采白，号澹庵，别号洗桐居士，歙县西溪人。汪采白出身徽州名门望族，其祖父曾任李鸿章幕僚，是黄宾虹的老师。汪采白少承家学，师从叔父和黄宾虹，后就学于南京两江师范学堂。其山水承新安画派，45岁时因仰慕倪瓒（ní zàn），取号"洗桐居士"。

  汪采白工写山水，尤擅青绿，以黄山系列作品闻名于世。他对黄山感情深厚，视之为家山，常对人说："吾乡黄山，到处皆可入画。"其一生五上黄山，被美如仙境的黄山深深感动。

  此图为青绿设色山水，落笔沉着劲峭，色彩雅洁秀丽，给人一种清新的感觉。这种笔墨和色彩的完美结合，使得黄山具有了生命力和灵性，让人们感受到诗一样的宁静与美好。

新安画派

潘玉良艺术作品展

  潘玉良（1895—1977年），20世纪中国最具影响力的女画家和现代美术教育家之一。她出身贫寒却志存高远，以罕有的女艺术家身份成为融会中西画风、革新中国艺术的先驱。她后半生旅居法国40年，与其他留法艺术家一起为中国艺术在海外的传播贡献力量。她的艺术生涯见证了新文化运动以来中国社会在教育、艺术、女性等多方面的变革。

  潘玉良出生于江苏扬州，1920年进入上海美术学校西洋画科学习绘

画,1921年考取官费留学资格前往法国留学。她先后在法国里昂美术专科学校、巴黎国立美术学校及意大利罗马皇家美术学院学习绘画和雕塑,并以优异的学业获得意大利教育部奖励津贴,成为第一个获得此国际荣誉的中国女西画家。1928年学成归国后,她在上海美术专科学校等院校担任教职,并组织、参与创立多个艺术团体,是当时画坛之翘楚。1937年,潘玉良再次前往法国深造,旅法40年间,她的作品持续在法国独立沙龙、秋季沙龙、春季沙龙等颇具声望的展览中展出,为她赢得一系列奖项和荣誉。

潘玉良一生坚持"合中西于一冶"的艺术追求,用中国书法的笔法来描绘万物,对现代艺术做出很大贡献。她在油画、白描、彩墨素描、版画、色粉画、雕塑等领域均有所成就,并有相关作品近5000幅存世,其中4700余件遗作和遗物在她逝世后从巴黎辗转回到祖国,大部分收藏于安徽博物院。在跌宕起伏的一生中,潘玉良始终以坚韧的心志,对于艺术不懈追求与精心雕琢,为我们留下这些无比珍贵的作品,成为中国近现代美术史上不可磨灭的存在。

朵朵菊花寄情思

《野菊花与线装书》

1942年
纵44cm 横54cm

  画面主体描绘桌上花瓶里的一束菊花，右侧画面有玉良常看的中式函套线装旧书和一个烟斗，左边绘有碟盘、火柴，前置香烟等物。画面左下角有款："玉良42"。
  潘赞化和玉良早年寓居上海时即喜种植白菊花，白菊花对于潘玉良客居欧洲后更有一份特殊的意义。无论她在上海或客旅异国的四十载，都常以白菊花作为创作描绘的对象，即景抒怀，以示洁身自好和对亲人、对祖国的怀念。

274 安徽博物院

奔放恣意寄油彩

《窗前女人体》

1946年

纵120cm　横78cm

　　此画描绘一裸女坐于窗前，凝神侧望，略有所思。作品用色大胆、奔放，对比鲜明，人体造型准确，色调艳丽凝重，强调画面光色对比的效果。这幅作品中墙壁、地毯和桌、椅的色调形成鲜明对比，且具装饰意味。右上角有款："玉良46"。

　　潘玉良注重人体的质感和空间关系，用色大胆，这是她久居欧洲吸收现代派油画技法的可喜尝试，同时又具有自己独特的风格。

大师题跋赞妙手

《豢（huàn）猫》

20世纪中期

纵122cm　横50cm

　　画面描绘一只活泼可爱的小猫蹲在石台上嬉戏玩耍，猫背后有太湖石柱，从石柱后面又生长出新的枝叶，使整个画面充满生机。

　　右上角有近代名画家张大千的题跋，曰"宋人最重写生，体会物情物理，传神写照，栩栩如生。元明以来，但从纸上讨生活，是以每况愈下，有清三百年更无进者。今观玉良大家写其所豢猫，温婉如生，用笔用墨的为国画正派，尤可佩也。丙申五月既望大千弟张爰（yuán）题。"钤（qián）"张爰私印"朱文印。左下角落款："玉良"，钤"玉良"朱文印。

　　张大千与潘玉良的友谊始于20世纪30年代，潘玉良旅居法国后两人依然保持着深厚的友谊，几十年间始终以姐弟相称。

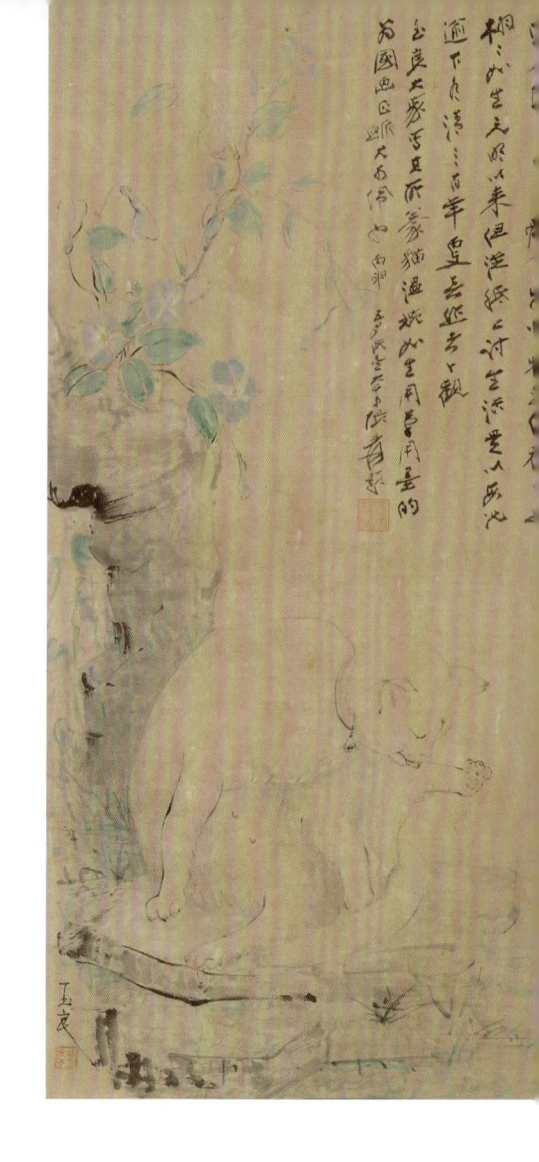

纵横自如合中西

《俯首女人体》

1937年

纵45cm　横27cm

  解读潘玉良的艺术风格应首先从她的白描谈起。20世纪30年代初，潘玉良开始尝试用毛笔进行人体写生，她利用中国绘画线条中的粗细、顿挫变化，以西方绘画基础训练中的造型技巧和透视原理，用传统白描人体画的形式来表现人体，因而具有"欧洲油画雕塑之神味"。陈独秀曾为她的三幅作品题跋：

  "玉良女士近作此体，合中西于一冶，其作始也犹简，其成功也必巨，谓余不信，且拭目俟之。"

  "余识玉良女士二十余年矣，日见其进，未见其止，近作油画，已入纵横自如之境，非复以运笔配色见长矣，今见此新白描体，知其进犹不止也。"

  "以欧洲油画雕塑之神味，入中国之白描，余称之曰新白描体，玉良以为然乎？廿六年初夏独秀。"

  "合中西于一冶"也是对她一生艺术追求的最准确评价。多年后，潘玉良正是以白描为基础展开彩墨画实践，在中西融合的道路上取得突破性的艺术成就。

光影印象入歌来

《春之歌》

1952年

纵130cm　横223cm

　　潘玉良早年留学欧洲，接触到古典主义、现实主义、浪漫主义等各种文艺思潮，并在她早期作品中有所反映。
　　潘玉良从1941年到1952年期间连续创作以女性群体为对象的系列作品，此段时间正好是其绘画风格从古典写实转向现代主义并融入中国元素的重要转型期。这幅画是她现存作品中尺寸最大的一件，也是此系列中较为完善、成熟的作品。
　　该画作表现了六个裸体女子在山水花草间载歌载舞的情景。整个画面给人一种恬静、安逸之美，为潘玉良早期作品。此幅作品中，我们可以看出她吸收了印象派绘画的光色变化，以抒情的笔调，表达出生活中蕴含的美的境界。

家国情思自传神

《自画像》

1940年

纵90cm 横64cm

  这幅《自画像》是潘玉良代表作之一。创作这幅画时正值第二次世界大战爆发，巴黎沦陷之际，潘玉良栖居郊外，无时无刻不在思念着祖国和亲人。画中的她身着黑色绣花旗袍，端坐于桌旁，深沉的眼神蕴含着忧郁之情。

  潘玉良的自画像，无丝毫的矫揉与妩媚，眼神中总是透出一丝哀怨。她身受女性身份和社会角色的限制，无法摆脱中国传统伦理道德规范的羁绊，只有通过作品流露出细腻、委婉、清淡、哀怨的女性本色，以此表现对命运的抗争。潘玉良以自画像中的形象为载体，作品中蕴含着自我的心思、情感、状态、愿望等诸种体验，是她自身生命状态的传神写照。

帆落船泊夕阳下

《桐庐待发》

1937年

纵73cm 横56cm

  《桐庐待发》为1937年潘玉良个展的参展作品，并被当时报纸刊登。《桐庐待发》的右下角有红色的落款"世秀"，这正是早年潘玉良的曾用名。而这幅作品，也是安徽博物院馆藏潘玉良作品中唯一署名"世秀"的作品。

  将《桐庐待发》和馆藏另一幅作品《港湾泊舟》对比可以发现，这两幅画是对同一个渡口的不同角度不同时间的写生，从船、帆和江面的光影色彩看，前者如画名所述为清晨出发的帆船，而后者帆落船停，夕阳西下，一番傍晚宁静休憩的景象。

《双人扇舞》

1955年

纵53cm　横65cm

　　潘玉良旅居法国四十多年，一生笔耕不辍，致力于"合中西于一冶"的艺术探索，作品具有强烈的民族特色和明快的时代气息，赋色浓艳。在油画与彩墨交替的艺术实践中，她将中国的笔墨精神和西画的实体质感巧妙融合，更加入壁画、年画等民间绘画元素，形成独特的个人艺术风格。

中西合璧于一冶

生字词注音释义

顺序	生字词	释义
A	鳌（áo）	传说中海里的大龟或大鳖。
B	锛（bēn）	1.削平木料的平头斧，用时向下向内用力砍，称"锛子"。2.动词，用锛子削平木料。
B	柲（bì）	1.兵器的柄；亦泛指器物的柄。2.弓檠，保护弓的用具，多为竹制。3.刺。4.偶。
B	钵（bō）	1.形状像盆而较小的一种陶制器具，用来盛饭、菜、茶水等。2.僧侣所用的食具，像碗，底平，口略小。
B	亳（bó）	1.古都邑名。商汤的都城，共有三处：（1）在今河南商丘市东南，相传汤曾居于此，亦称"南亳"。（2）在今河南商丘市北，相传诸候拥戴汤为盟主于此，亦称"北亳"。（3）在今河南偃师市西，相传汤攻克夏时所居，亦称"景亳""西亳"。灭夏后还都北亳。2.县名（亳县，在安徽）。
B	镈（bó）	1.古代乐器。2.锄田去草的农具。
C	漕（cáo）	利用水道转运粮食。
C	槎（chá）	1.用竹木编成的筏。2.树枝。3.斫。
C	蟾（chán）	蟾蜍（chú）。两栖动物，皮上有许多疙瘩，内有毒腺，形状像蛙。吃昆虫、蜗牛等，对农业有益。俗称"癞蛤蟆""疥蛤蟆"；古代称"蟾诸"。
C	巉（chán）	山势高峻。
C	笞（chī）	1.古代用竹板或荆条打犯人脊背或臀腿的刑罚。2.动词，用鞭杖或竹板打。
C	螭（chī）	传说中的一种动物，蛟龙之属，头上无角。古代建筑中或工艺品上常用它的形状做装饰。
C	滁（chú）	1.水名。在安徽省东部。源出肥东县东北，折而东流，经滁县至江苏省六合县注入长江。2.古州名。在安徽省东部，滁河流域，邻接江苏省；津浦铁路纵贯。特产"滁菊""滁州竹篮"。境内琅琊山风景幽美，为游览胜地。
C	楮（chǔ）	1.木名。即构树，榖树，皮可制桑皮纸，因以为纸的代称。2.纸的代称：楮币。
C	杵（chǔ）	1.捣物的棒槌。2.筑土或捶衣的木槌。3.用长形的东西戳。
C	椿（chūn）	木名。指大椿。古代传说大椿长寿，后因以喻父。
C	戳（chuō）	1.用硬物尖端触击，刺。2.因猛触硬物而受伤或损坏。3.竖立、站立。4.图章。
C	茨（cí）	1.用芦苇、茅草盖的屋顶。2.蒺藜。3.积土填满。
C	琮（cóng）	古代一种玉器，外边八角，中间圆形，常用作祭地的礼器。

续表

顺序	生字词	释义
C	蹴鞠（cù jū）	一种古代踢球游戏，类似现今的踢足球。
	皴（cūn）	1.皮肤因受冻或受风吹而干裂。2.皮肤上积存的泥垢和脱落的表皮。3.中国画的一种技法，用淡干墨涂染以表现山石纹理，峰峦折痕及树身表皮的脉络、形态。
	撮（cuō）	1.聚起，多指用簸箕状的器具铲起东西。2.摄取，摘取。3.用两三个指头取物。4.古容量单位。5.量词，一撮米。6.撮东西用的器具。7.多音字，也读（zuǒ），量词，一撮毛。
D	亶（dǎn）	1.实在，诚然，信然。2.多音字，也读（dàn），副词，通"但"。
	钿（diàn）	1.以金、银、贝壳之类镶嵌的器物。2.用金翠珠宝等制成的花朵形首饰。3.多音字，也读（tián），钱，硬币。
	瓞（dié）	小瓜。
	铤（dìng）	1.未经冶铸的铜铁。2.古代所铸的各种形状的金银块，作货币流通。3.箭头装入箭干的部分。
E	垩（è）	1.白色的土。泛指用来涂饰的土。2.用白土涂饰。
F	枋（fāng）	1.古书上说的一种树，木材可做车。2.方柱形木材。3.多音字，也读（bǐng），同"柄"，权柄。
	缶（fǒu）	1.盛酒浆器，小口大腹。多用瓦制，也有铜制的。2.汲水器。3.瓦质的打击乐器。4.古量名。十六斗为一缶。
	凫（fú）	1.水鸟，俗称"野鸭"，似鸭，雄的头部绿色，背部黑褐色，雌的全身黑褐色，常群游湖泊中，能飞。2.动词，同"浮"。3.凫茈，古书上指"荸荠"。
	頫（fǔ）	1.低头。后作"俯"。2.引申为低。
	簠（fǔ）	古代食器。
G	皋（gāo）	1.水边的高地，岸。2.沼泽，湖泊。3.多音字，也读（háo），通"嗥"。
	诰（gào）	1.告。用于上告下。2.告诫，勉励。3.古代一种训诫勉励的文书。
	槅（gé）	1.大车的轭，驾车时放在牲口颈上的曲木。2.房屋或器物的隔断板。3.古代一种盛食物的器具。
	觚（gū）	1.古代酒器，青铜制，盛行于中国商代和西周初期，喇叭形口，细腰，高圈足。2.古代用来书写的木简。3.棱角。4.剑柄。5.古同"弧"，独立不群。
	盥（guàn）	1.古代洗手的器皿。2.承水洗手，亦泛指洗涤除污。3.姓。
	簋（guǐ）	古代盛食物器具，圆口，双耳。
	珪（guī）	同"圭"。1.古代帝王贵族举行礼仪时所用的一种玉器。2.古代测日影的仪器。3.古代容量单位。一升的十万分之一。

续表

顺序	生字词	释义
H	邗（hán）	1.水名，即邗沟，又名邗江、邗溟沟。春秋时吴王夫差为争霸中原，在江淮间开凿的一条古运河名。2.邗江，县名，在江苏。
	颢（hào）	1.白的样子。2.同"昊"，昊天。
	盉（hé）	古代酒器，用青铜制成，多为圆口，腹部较大，三足或四足，用以温酒或调和酒水的浓淡。盛行于中国商代后期和西周初期。
	阖（hé）	1.全，总共。2.关闭。3.门扇。
	郃（hé）	郃阳，古地名，在中国陕西省。现作"合阳"。
	壑（hè）	坑谷，深沟。
	蘅（héng）	1.蘅芜，古书上说的一种香草。2.杜蘅，草本植物，野生在山地里，开紫色小花。根茎可入药。
	桓（huán）	1.古代立在城郭、宫殿、官署、陵墓或驿站路边的木柱。2.大。3.桓桓，威武的样子。4.姓。
	圜（huán）	1.围绕。2.多音字，也读（yuán），同"圆"。
	豢（huàn）	1.喂养牲畜。2.食谷的牲畜。3.比喻收买、利用。
	篁（huáng）	1.竹林，泛指竹子。2.竹田。3.竹制的管乐器。
	潢（huáng）	1.积水池。2.染纸。
	璜（huáng）	半璧形的玉。
	麾（huī）	1.古代指挥军队的旗子。2.动词，指挥。
J	笄（jī）	1.古代束发用的簪子。2.古代特指女子可以盘发插笄的年龄，即成年。
	畿（jī）	古代王都所在处的千里地面。后多指京城管辖的地区。
	箕（jī）	1.用竹篾、柳条或铁皮等制成的扬去糠麸或清除垃圾的器具（通常称"簸箕"）。2.簸箕形的指纹，不成圆形。3.星名，二十八宿之一。4.姓。
	笈（jí）	1.盛书的箱子。2.书籍。
	跽（jì）	长跪，挺直上身两膝着地。
	髻（jì）	盘在头顶或脑后的发结。
	稷（jì）	1.古代一种粮食作物，指粟或黍属。2.五谷之神。古代以稷为百谷之长，因此帝王奉祀为谷神。
	斝（jiǎ）	1.古代酒器，通常为圆口，有鋬与三足，供盛酒与温酒用。后借指酒杯。2.通"稼"，禾稼。
	僭（jiàn）	超越本分，古代指地位在下的冒用在上的名义或礼仪、器物。
	泾（jīng）	1.泾，水名。2.渭水支流。有南、北二源。北源出宁夏六盘山东麓固原县；南源出甘肃省华亭县，至平凉县境合流后，又东南流入陕西省，至高陵县入渭河。3.古州名，故地在今甘肃省泾川县。4.县名，在安徽省东南部。

续表

顺序	生字词	释义
J	鸠（jiū）	1.鸟名。鸠鸽科部分种类的统称。2.聚集。
	秬鬯（jù chàng）	用黑黍和香草酿的酒。用于祭祀降神及赏赐有功的诸侯，是古代皇帝九种特赐用物（九锡）之一。
	攫（jué）	抓取。
	镢（jué）	1.方言，一种形似镐的刨土农具。2.挖掘。
K	龛（kān）	1.供奉佛像、神位等的石室或小阁。2.古同"戡"，平定。
	恪（kè）	谨慎而恭敬。
	釦（kòu）	1.衣扣。2.以金玉等装饰器物。
	銙（kuǎ）	1.古代附于腰带上的装饰品，用金、银、铁、犀角等制成。2.形似带銙的一种茶，称"銙茶"。3.量词，计算茶叶銙数的单位。
	櫆（kuí）	1.櫆师，北斗星。2.汤匙。
	夔（kuí）	1.夔夔，敬谨恐惧的样子。2.夔立，肃立。3.古代传说中的一种龙形异兽。
	髡（kūn）	1.古代剃去头发的一种刑罚。2.古代指和尚。3.剪削、去除冠部物。
L	赉（lài）	赐予，给予。
	罍（léi）	1.古代一种盛酒的容器。小口、广肩、深腹、圈足，有盖，多用青铜或陶制成。2.盥洗用的器皿。
	栎（lì）	1.落叶乔木，叶子长椭圆形，结球形坚果，叶可喂蚕；木材坚硬，可制家具，供建筑用，树皮可鞣皮或做染料。亦称"麻栎""橡"；通称"柞树"。2.多音字，也读（yuè），地名，栎阳，在中国陕西省。
	鬲（lì）	1.古代炊具，形状像鼎而足部中空。2.多音字，也读（gé），古国名；通"膈"，横隔膜；通"隔"，阻隔。
	奁（lián）	1.古代盛梳妆用品的器物。2.泛指盛放器物的匣子。3.古时盛放香炉的笼子。亦称"香笼"。4.嫁妆。
	蓼（liǎo）	1.蓼属植物的泛称。一年生或多年生草本植物，花小，白色或浅红色，生长在水边或水中。叶味辛，可用以调味。2.多音字，也读（lù），形容植物高大。
	鎏（liú）	1.成色好的黄金。2.把溶于水银中的金用刷子涂饰器物，可经久不退。
	胪（lú）	1.传语，陈述。2.陈列。3.鸿胪，古代官名。4.腹前的肉。
	捋（lǚ）	1.用手指顺着抹过去，整理。2.多音字，也读（luō），如"捋起袖子。"
M	旄（máo）	1.古代用牦牛尾装饰的旗子。2.多音字，也读（mào），古同"耄"，年老。

续表

顺序	生字词	释义
M	茆（máo）	1.同"茅"。2.姓。
	鋂（méi）	一大环套二小环的子母环。
	麋（mí）	麋鹿，哺乳动物，比牛大，毛淡褐色，雄的有角，角像鹿，尾像驴，蹄像牛，颈像骆驼，但从整体看哪种动物都不像，原产中国，是一种珍贵的稀有兽类。俗称"四不像"。
	旼（mín）	1.旼旼：和蔼的样子，如"旼旼穆穆，君子之态。"2.古同"旻"，秋天。
N	鼐（nài）	大鼎。
	铙（náo）	1.铜质圆形的打击乐器，比钹大。2.古代军中乐器，像铃铛，但没有中间的锤。
	倪瓒（ní zàn）	倪瓒，江苏无锡人，元末明初画家、诗人。与黄公望、王蒙、吴镇合称"元四家"。
P	蟠螭（pán chī）	蟠螭是龙属的蛇状神怪之物，是一种无角的早期龙。对蟠螭也有两种说法，一种是指黄色的无角龙，另一种是指雌性的龙
	蟠虺（pán huī）	青铜器纹饰的一种，以蟠曲的小蛇的形象，构成几何图形。
	鋬（pàn）	器物上供手提拿的部分。
	滂（pāng）	1.水势浩大的样子。2.滂沱（tuó），雨大的样子。3.泪多的样子。
	淠（pì）	1.淠河，水名，在安徽。2.多音字，读（pèi）时，有多，茂盛之意，如"萑苇淠淠"。3.船行的样子。
	抔（póu）	1.用双手捧东西。2.量词，计算双手捧取物品的单位。
Q	亟（qì）	1.副词，屡次。2.多音字，也读（jí），急切。
	稽（qǐ）	1.稽首，古代的一种礼节，跪下，拱手至地，头也至地。2.多音字，也读（jī），如"无稽之谈"。
	钤（qián）	1.印章。2.盖印章。3.锁。4.兵书，谋略。
	谯（qiáo）	1.谯楼，古代城门上建的楼，可以瞭望。2.谯谯，毛羽残敝。
	箧（qiè）	箱子一类的东西。
	磬（qìng）	1.古代打击乐器，形状像曲尺，用玉、石或金属制成，可悬挂。2.佛寺中使用的一种钵状物，用铜铁铸成，既可作念经时的打击乐器，亦可敲响集合寺众。3.缢杀。4.古同"罄"，空，尽。
	銎（qióng）	斧子上安柄的孔。
	虯（qiú）	1.古代传说中的一种龙。2.拳曲。
	阙（què）	1.皇宫门前两边供瞭望的楼。2.皇帝居处，借指朝廷。3.京城，宫殿。4.神庙、陵墓前两边的石牌坊。5.多音字，也读（quē），如"阙疑"。6.多音字，也读（jué）：去除；挖掘；毁伤。

续表

顺序	生字词	释义
Q	芍陂（què bēi）	古代淮水流域水利工程。在今安徽寿县南。因引淠河经古白芍亭东积而成湖，故名。
R	饪（rèn）	煮熟。
	缛（rù）	1.繁密的彩饰。2.繁多，繁重，繁琐。3.古同"褥"。
S	觞（shāng）	1.古代酒器。2.向人敬酒或自饮。
	歙（shè）	1.歙县，地名。在安徽南部。以产徽墨、歙砚著名。2.多音字，读（xī）时意为吸气或通过呼吸吸入。
	赦（shè）	古代指免除或减轻犯人的刑罚。
	麝（shè）	1.哺乳动物。形状像鹿而小。雄麝脐下有香腺，能分泌麝香。也叫香獐。2.麝香的简称。亦泛指香气。
	豕（shǐ）	猪。
	嗜（shì）	1.喜欢，爱好。2.贪。
	绶（shòu）	一种丝质带子，古代常用来系印组或帷幕。
	倏（shū）	极快地，忽然。
	殳（shū）	1.古代兵器名。以竹、木制成，一端有棱。2.秦书八体之一。3.戟（jǐ）柄。4.古代船尾用以控制方向的工具。5.姓。
	黍（shǔ）	黍子，一年生草本植物。其子实煮熟后有黏性，可以酿酒、做糕等。
	澍（shù）	1.及时雨。2.恩泽。
	嗣（sì）	1.接续，继承。2.子孙。
	嵩（sōng）	1.嵩山，山名，在中国河南省。2.高。
	狻猊（suān ní）	中国古代神话传说中龙生九子之一，形如狮，喜烟好坐，所以形象一般出现在香炉上，随之吞烟吐雾。
	濉（suī）	濉河，水名。发源于安徽境内，流入江苏洪泽湖。
	榫卯（sǔn mǎo）	榫头和卯眼。亦特指榫头。榫头：器物或构件上利用凸凹方式相连接的凸出部分。
T	挞（tà）	用鞭、棍打。
	绦（tāo）	用丝编织成的带子或绳子。
	洮（táo）	1.洮河，水名。2.古地名。3.古州名。4.盥洗。5.同"淘"，如"淘洗"。
	剔（tī）	1.分解骨肉，把肉从骨头上刮下来。2.从缝隙或孔洞里往外挑拨东西。3.把不好的挑出来。
	鞓（tīng）	1.腰带的带身。2.泛指腰带。
	珽（tǐng）	大圭。古代天子所持的玉笏（hù），其形制因时而异。

续表

顺序	生字词	释义
T	恸（tòng）	极悲哀，大哭。
	柁（tuó）	1.房架前后两个柱子之间的大横梁。2.多音字，也读（duò），同"舵"。
W	委角（wō jiǎo）	明清家具工艺术语，指的是将方形器物的四角向内收缩，形成圆弧状拐角。
	婺（wù）	1.古水名。在江西。2.婺州，古地名。在今浙江金华一带。
	庑（wǔ）	1.堂下周围的廊屋。2.大屋。
X	晞（xī）	1.干，干燥。2.破晓。
	熹（xī）	1.光明。2.炙，炽热。3.古人名用字。
	檄（xí）	古代官府用以征召或声讨的文书。
	铣（xiǎn）	1.有光泽的金属。2.小凿。3.古代钟下的两角。4.以金装饰弓的两头。5.多音字，也读（xǐ），一种用圆形能旋转的多刃刀具切削金属的专用设备，称"铣床"，上有"铣刀"。也指在铣床上加工金属工件。
	飨（xiǎng）	1.用酒食招待客人，泛指请人受用。2.祭祀。3.同"享"。
	楔（xiē）	填充器物的空隙使其牢固的木橛、木片等。
	撷（xié）	1.摘下，取下。2.用衣襟兜东西。
	歆（xīn）	1.喜爱，羡慕。2.飨。祭祀时神灵享受祭品、香火。
	荥（xíng）	1.地名用字。荥阳，在中国河南省。2.多音字，也读（yíng）。荥经，在中国四川省。"荥阳堂"代表的就是一个以郑氏发祥祖地"荥阳"而来的堂号。荥阳不仅是郑氏的发祥地，另外还是潘、冯、毛、羊、阳等七大姓氏的发源地，这七大姓氏的后裔，分布在世界各地，因此，"荥阳堂"也遍布世界各地。
	髹（xiū）	1.用漆涂在器物上。2.古代称红黑色的漆。
	吁（xū）	1.叹息。2.叹词，表示惊疑。3.多音字，也读（yù），如"呼吁。"4.也读（yū），拟声。吆喝牲口使停止前进的声音。
	盨（xǔ）	古代盛食物的铜器，椭圆口，有盖，两耳，圈足或四足。
Y	筵（yán）	1.竹席。2.酒席。
	偃（yǎn）	1.仰卧。2.停止。3.古同"堰"，堤坝。4.古地名，春秋郑国地。在今山东费县南。
	甗（yǎn）	1.古代蒸煮用的炊具，上下两层，中间有箅（bì）子，陶制或青铜制。2.上大下小形状像甑（zèng）的山。3.古地名。春秋齐地。在今山东省济南市附近。
	鞅（yāng）	1.古代用马拉车时套在马颈上的皮套子。2.多音字，也读（yàng），通"怏"，郁郁不乐的样子。
	轺（yáo）	古代的轻便马车。

续表

顺序	生字词	释义
Y	鍱（yè）	1.薄金属片。2.用薄金属片包裹。
	黟（yī）	1.黑木。2.形容词，黑，黑色。3.县名。在安徽省。
	匜（yí）	1.古代盥洗时舀水用的器具，形状像瓢。2.古代一种盛酒的器具。
	挹（yì）	1.舀，把液体盛出来。2.拉。3.古同"抑"，抑制，谦退。4.多音字，也读（yī），古同"揖"，作揖。
	楹（yíng）	1.堂屋前部的柱子。2.量词，古代计算房屋的单位，一说一列为一楹；一说一间为一楹。
	郢（yǐng）	古地名。春秋时，楚文王建都于郢，故址在今湖北江陵西北纪南城。楚国都城屡有迁徙，凡迁至之地均称郢。
	郢爯（yǐng chēng）	中国春秋战国时期的楚国货币，由纯黄金制作而成。它们的形态通常是扁平的长方形或四角突出的不规则形状。其中"郢"指的是楚国的国都，"爯"在这里表示的是货币的单位，用于称量。这些货币通常需要切割成小块进行交易和使用。
	镛（yōng）	古乐器，奏乐时表示节拍的大钟。
	甬（yǒng）	一说其古字形像有柄的钟，甬指钟上的系纽，又指钟。一说古字形像木桶。
	舆（yú）	1.车中装载东西的部分，后泛指车。2.古代奴隶中的一个等级，泛指地位低微的人，亦用以指众人的。3.疆域。
	盂（yú）	1.盛饮食等的圆口器皿。2.盂兰盆会：每逢农历七月十五日（中元节）佛教徒为超度祖先亡灵所举行的仪式。
	敔（yǔ）	古代刮奏体鸣乐器。形如伏虎，奏乐将终，击敔使演奏停止。
	卣（yǒu）	古代一种盛酒的器具，口小腹大，有盖和提梁。
	虞（yú）	1.预料。2.忧虑。3.欺骗。4.中国周代诸侯国名，在今山西省平陆县东北。5.古同"娱"，安乐。6.古代掌管山泽的官。7.传说中的中国朝代名，舜所建。8.姓。
	谕（yù）	1.告诉，使人知道（一般用于上对下）。2.明白，理解。3.古同"喻"，比方。
	爰（yuán）	1.于是。2.改易，更换。3.曰，为（wéi）。4.古代的一种重量单位或货币单位。5.姓。
	沅（yuán）	沅江，水名。在湖南省西部。源出贵州省云雾山，上游称清水江，流经湖南，最后注入洞庭湖。
	橼（yuán）	即枸橼。又名"香橼""佛手柑"。
	垣（yuán）	1.矮墙，墙。2.城。3.官署。4.星的区域，古代把众星分为上、中、下三垣。5.姓。
	钺（yuè）	1.古代兵器，青铜制，像斧，比斧大，圆刃可砍劈，中国商及西周盛行。又有玉石制的，供礼仪、殡葬用。2.古星名。

续表

顺序	生字词	释义
Z	錾（zàn）	1.凿金石用的工具。2.雕刻。
	肇（zhào）	1.开始，初始。2.引发。
	赭（zhě）	1.红褐色。2.红土。
	祯（zhēn）	吉祥。
	钲（zhēng）	古代的一种乐器，形似钟而狭长，有长柄可执，口向上以物击之而鸣。
	卮（zhī）	古代盛酒的器皿。
	栀（zhī）	常绿灌木，叶子长椭圆形，有光泽，花大，白色，有强烈的香气，果实倒卵形，花供观赏。果实可做黄色染料，也可入药。
	璏（zhì）	剑鞘旁的玉质附件。
	螽（zhōng）	虫名。蝗类的总名。螽斯，昆虫，身体绿色或褐色，善跳跃，对农作物有害。
	冢（zhǒng）	1.坟墓。2.长（zhǎng）。3.大。4.山顶。
	籀（zhòu）	1.籀文，汉字的一种字体。春秋战国时流行于秦国，今存石鼓文是其代表。亦称"大篆"。2.阅读。
	撰（zhuàn）	1.才能。2.写作，著书。3.持，拿着。4.指天地阴阳等自然现象的变化规律。
	倬（zhuō）	大，显著。
	涿（zhuō）	1.涿州，地名，在今河北省。2.水滴。
	梓（zǐ）	1.落叶乔木。木材可供建筑及制造器物之用。2.古代七种木工之一，亦泛指木工。3.木头雕刻成印刷用的木板。4.指故里。5.姓。
	鬃（zōng）	马颈上的长毛。亦泛指猪的硬毛。
	纂（zuǎn）	1.搜集材料编书。2.古代指红色或彩色丝带。3.妇女梳在头后边的发髻。4.古同"缵"，继承。
	祚（zuò）	1.福，赐福。2.皇位。3.年。

忆华年主要文博类出版物

博典·博物馆笔记书

已出版——
《故宫里的海底精灵》
《故宫里的晴空白羽》
《故宫里的瑰丽珐琅》
《故宫里的温润君子》
《故宫里的金色时光》
《故宫里的琳琅烟云》
《故宫里的夜宴清歌》
《故宫里的阆苑魅影》
《故宫里的诗经墨韵》
《故宫里的洛神之恋》
《故宫里的金枝玉叶》
《故宫里的花语清风》
《故宫里的天子闲趣》
《故宫里的丽人雅趣》
《故宫里的童子妙趣》
《故宫里的禅定瑜伽》
《故宫里的花样冰嬉》
《故宫里的森林"萌"主》
《渔舟唱晚·墨霖山海》

待出版——
《故宫里的丹心爱犬》
《故宫里的绿鬓红颜》
《故宫里的顽皮宝贝》
《故宫里的十二生肖》
《故宫里的百态造像（动物）》
《故宫里的百态造像（人物）》

全国博物馆通识系列·一本博物馆

已出版——
《一本博物馆 南京博物院》
《一本博物馆 陕西历史博物馆》
《一本博物馆 湖北省博物馆》
《一本博物馆 湖南博物院》
《一本博物馆 辽宁省博物馆》
《一本博物馆 大同市博物馆》
《一本博物馆 山东博物馆》
《一本博物馆 重庆中国三峡博物馆》
《一本博物馆 广西壮族自治区博物馆》
《一本博物馆 安徽博物院》

待出版——
《一本博物馆 成都博物馆》
《一本博物馆 中国（海南）南海博物馆》
《一本博物馆 广东省博物馆》